给孩子的博物文化课

文物里的黑科技

后晓荣 主编

后晓荣 邱敬嫒 编著

中国纺织出版社有限公司

图书在版编目（CIP）数据

给孩子的博物文化课. 文物里的黑科技 / 后晓荣主编；后晓荣，邱敬嫒编著. -- 北京：中国纺织出版社有限公司，2022.5

ISBN 978-7-5180-9487-5

Ⅰ.①给… Ⅱ.①后…②邱… Ⅲ.①中华文化—青少年读物②历史文物—中国—青少年读物 Ⅳ.①K203-49②K87-49

中国版本图书馆CIP数据核字（2022）第060757号

责任编辑：李凤琴　　责任校对：高　涵　　责任印制：储志伟

中国纺织出版社有限公司出版发行
地址：北京市朝阳区百子湾东里A407号楼　邮政编码：100124
销售电话：010—67004422　传真：010—87155801
http://www.c-textilep.com
官方微博 http://weibo.com/2119887771
北京通天印刷有限责任公司印刷　各地新华书店经销
2022年5月第1版第1次印刷
开本：710×1000　1/16　印张：8.25
字数：120千字　定价：39.80元

凡购本书，如有缺页、倒页、脱页，由本社图书营销中心调换

序言一

文物是什么
—— 写给小朋友们博物之旅的话

　　文物是什么？不同的理解有不同的答案。

　　文物作为人类在社会活动中遗留下来的具有历史、艺术、科学价值的遗物和遗迹，是人类宝贵的历史文化遗产。文物是指这些古人遗留至今的具体物质遗存，其基本特征是：第一，必须是由人类创造的，或者是与人类活动有关的；第二，必须是已经成为历史的，不可能再重新创造的。

文物是历史的通道

　　文物让我们可以顺利抵达历史记忆的深处，更是我们了解人类社会发展的轨迹。每一件文物都镌刻着中国文化的深沉记忆，都蕴藏着中华民族的灵魂密码，是国家的"金色名片"。从半坡彩陶到二里头青铜器，我们知道了中国先民跨越了野蛮，发展到文明；从秦始皇陵到武昌城墙上的第一声炮声，我们知道了帝制的终结到民主的开始。

文物是文明的勋章

　　每一件文物都是一枚闪闪的文明勋章，它彰显着人类在漫长历史发展过程中所迸发出的非凡智慧，显示出古人与自然和谐共处的创造力量。我们从长信宫灯看到了智慧之光；从记里鼓车看到了速度的追求，从神火飞鸦看到了征服太空的梦想。博物馆中的每一件文物都展示着一个故事，一个穿越时空，将过去与现在联结在一起的故事。今天作为勋章的文物就是在传承历史，就是在承载中华民族精神的物质根本。

文物是前行的灯塔

珍藏在博物馆中的每一件文物还是前行的灯塔，照亮着今人走向未来的路。例如，虎门炮台在时刻警示着那段欺辱的历史，前事不忘，后事之师；国家博物院珍藏的秦代大铁权则体现着公平交易，统一规则；敦煌莫高窟中的张骞出使西域壁画则体现了百折不挠的家国责任。击鼓说唱陶俑在手舞足蹈中传达了乐观、通达的生命之美。文物中的历史、生命、责任、规则等理念无处不在，同时也在照亮我们前行的路，即"以古人之规矩，开自己之生面"。

文物是历史的通道，让我们有了记忆之感；文物是文明的勋章，让我们有了传承之责；文物是前行的灯塔，让我们有了创新之源。每一件文物都有一个故事，都是一个"阿里巴巴"宝藏。听懂故事的真谛，探寻宝藏的秘密是每一位小朋友的天性。期待小朋友们用眼睛去观察，用大脑去思考，用心去领会文物之美，美的文物。同时更期待这套博物文化丛书，将从书画、钱币、人的进化、服饰、交通、民俗、科技等主题为小朋友打开一个个"阿里巴巴"的大门，从而让更多小朋友了解历史文化、了解中华文明，最终爱上博物馆，爱上历史。

后晓荣

序言二

穿梭古今的黑科技

在当今高速发展的社会环境下，人们对"科技"二字已然太过熟悉，智能科技、环保科技、新兴科技……各种"科技"层出不穷。虽然科技是一个名词，但在现代社会它更像一个形容词，只要提到它，大家就知道这代表着时代的潮流和最新的成果。那到底什么是科技呢？我们又该如何去定义科技呢？

科学与技术

回到"科技"本身，它实际上是科学技术的简称，所谓科学就是关于自然和社会的现象及其发展规律的理论知识体系，是人类探索自然和社会的精神文化活动，而技术则是出于某种实际目的而产生的包含工具、设备、工艺技术的知识体系，任务是将科学理论运用到实际生活中去，是人类有意识地认识和改造自然的实践活动。

由此可见，人类从树上跳下来，开始直立行走，尝试与动物完全不同的生存方式之时，就已经开始接触科学知识以及创造技术。但是对于二者的关系，学者们有着不同的看法。一些学者认为技术远远早于科学出现，自遥远的石器时代开始，人类就已经能够制造工具，手工艺技术不断娴熟完善，直到公元前6世纪前后，在历经东西方思想哲学大爆发、释迦牟尼出生、《圣经·旧约》出版等一系列改变世界思想的活动后，科学才开始形成。科学是在人类物质生活水平成长到一定阶段下产生的先进思想观念，是某一领域的指导思想，在总结技术规律的同时还可以指导技术。而另一些学者则认为二者是伴生的，相互促进，科学解释是什么，技术回答了怎么做，当技术出现的时候，人们自然会总结相对应的经验规律，进而产生科学理论；同样地，在技术能力水平不足时，人们也会根据以往的知识经验，创造研究新的理论思想来促进技术的进步，二者相辅相成，不可分割。

尽管出现了分歧，但是对于科学与技术关系的探讨却说明了一个道理，人类与科学技术的联系早在远古时代就已经开始，人类社会的每一项进步都离不开科技的进步，在创造科技的同时人类也深深依赖着科技。

中国的科技观

如果说时间的永恒与空间的无穷为所有的生命体和存在搭建了一个舞台，所有的一切都是舞台上的演员，台上熙熙攘攘、缕缕行行，共同组成了我们所认知到的一切事物，那么人类以及人类的智慧一定是重要角色以及绝佳的台词。

人类的智慧仿佛流星的光辉，突如其来，然后划破夜空，留下一抹令人难以忘记的绚丽色彩。层出不穷的科学技术正是人类智慧的成果。在西方，欧几里得的《几何原本》建立了逻辑结构完善的几何体系，开创了研究图形性质的一种数学方法，成为人类学习数学的基本教材；哥白尼的"日心说"颠覆了以往人类对天体的错误认知，让人类第一次正视渺小的自身，开启了对于天文学的探索道路；门捷列夫发现的元素周期律及元素周期表将元素纳入一个系统之内，揭示了元素之间的内在联系，为预测新元素的结构和性质提供了线索，使人类加深了对物质世界的了解；瓦特改良的蒸汽机拉开了工业革命的序幕，机器生产代替了手工生产，生产力水平大幅提升；弗莱明发明的真空电子二极管标志着世界迈入电子时代……西方的科技成果熠熠生辉，在与之相对的遥远的东方，中国的科技也毫不逊色。

中国拥有从未间断的辉煌灿烂的文明，在漫漫历史长河中，我们的祖先们创造了无数令后人啧啧称奇的作品。九九乘法表打开了数学世界的大门，提升了人类的计算能力；榫卯结构不仅让中式木构建筑成为世界三大建筑体系之一，而且使中国传统木结构建筑成为超越了当代建筑框架的特殊柔性结构体，在承受较大的荷载的同时还允许产生一定的变形，甚至能够通过变形抵消一定的地震能量；卡尺的发明提升了测量精确度，使构件批量生产的同时仍然能保证质量，对古代工业设计具有划时代的意义；造纸术对文明的传承以及世界文化的传播与交流产生了重大而深远的影响，为西方的文艺复兴及思想解放运动奠定了坚实的基础。

除了这些早已名震天下的科技成就，还有很多不常被提起的科技。如果没有翻车彻底改进农业灌溉和排涝技术，提升农业生产力，中国这个传统农业大国不可能有今日的成就；如果没有发明水密舱壁去制约海洋的危险，人类不可能像现在这样安全地畅行海洋，顺利地"乘桴浮于海"；如果没有马镫技术提升骑兵的作战效率，为冷兵器军事带来了彻底的变革，不同的战争结果就会生成不同的世界格局。可以说，中国古代的科技成果不仅曾经改变世界，而且在当今社会生活中，它们仍旧发挥着坚实的力量，推动社会稳步前进。还有像马踏飞燕、素纱禅衣、长信宫灯、透光铜镜、记里鼓车这些在今天看来仍然先进的产物。这些古代科技跨过世事变迁，逾越千年向我们走来，与现代生活息息相关，2000年前的产物亲切得如同身边旧物。这才是中国科技，初识只道是寻常，回首过往，方知大有乾坤。

大国力量

从实践中获得经验，为日常生活服务，随处可见的一件简单物品中蕴含着大智慧，这就是中国的"黑科技"。中国古人的智慧难以想象，走进这本书，通过文物触摸古代科技的脉搏，感受一下祖先们的伟大成就。

纵观人类发展的历史，科技创新能力始终是一个国家、一个民族发展的重要力量，也是推动整个人类社会进步的重要力量。中国的强盛从来不是空中楼阁，就是这些脚踏实地的科学技术汇聚起来的力量，支持我们站在世界之巅。作为中国新一代的年轻人，我们要认识文物、了解文物，在继承前人留下的遗产，吸收祖先们的智慧的同时，还要站在时代前沿，掌握各领域先进的科技文化知识。只有这样，我们的国家才能迈向建设世界科技强国的新征程，继续走在世界前列，谱写华美壮丽的新篇章。

邱敬媛

2022年3月

目 录

一、奇妙的平衡之术——"马踏飞燕"铜奔马　001

二、神奇的魔镜——西汉透光铜镜　007

三、最早的游标卡尺——东汉铜卡尺　013

四、最早的计程车——记里鼓车　019

五、大秦帝国的色彩——中国紫之谜　024

六、时光的穿梭机——战国水晶杯　032

七、最早的活环工艺——曾侯乙玉佩　037

八、古老的微型空调——卧被铜香囊　041

九、漂洋过海来看你——水密隔舱　048

十、世界最轻的衣服——素纱襌衣　056

十一、骑兵的秘密武器——马镫　062

十二、简牍中的计数术——九九乘法口诀　068

十三、一泉吐白玉，万里走黄金——采盐技术　074

十四、古代的"冰箱"——冰鉴　079

十五、古代计时器——汉代铜漏　085

十六、古人也环保——长信宫灯　092

十七、使用千年的水利机械——翻车　097

十八、木构建筑的精髓——榫卯技术　104

十九、传播文明文化的技术——造纸术　114

一、奇妙的平衡之术——"马踏飞燕"铜奔马

我们都知道中国有一个成语叫"天马行空",意思是天马奔驰神速,像是腾起在空中飞行一样,同时也比喻诗文气势豪放,不受拘束。在古代人的眼中,天马就是神马。相传西汉时期,西域大宛国出产一种名马可以日行千里,被称为西极天马或天马行空。汉武帝派使臣出河西走廊武威郡,带上金银珠宝想去换这种千里马,但大宛国国王杀了汉朝使臣并侵吞财物。汉武帝大怒,派将军李广利率军讨伐大宛国,取得西极天马3000匹。汉朝距离我们今天已经有2000多年了,那3000多匹西极天马也早已化为尘土。有关其形象也只有从历代的诗词和出土文物中"打捞",当然考古工作者也通过自己的手铲再现了"天马"的形象。

> **知识小档案**
>
> 唐代李白在《天马歌》中写道:"天马来出月氏窟,背为虎纹龙翼骨。嘶青云,振绿发,兰筋权奇走灭没。"宋代司马光的《天马歌》:"大宛汗血古共知,青海龙种骨更奇。绢丝旧画昔尝见,不意人间今见之。"

1969年,正是备战备荒的年代。9月初,甘肃省武威县雷台墩的村民挖防空洞发现了一座古墓,考古专家根据该墓的形制和出土文物判断为东汉晚期的大型砖室墓;同时根据出土的铜马俑胸前铭文记载,此系"守张掖长张君"之墓。该墓分前、中、后三室。前室附有左右耳室,中室附右耳室。墓门向东,整个墓长19.34米。此墓虽遭到多次盗掘,但遗存尚多,是一座"丰富的地下博物馆"。墓内出土有金、银、铜、铁、玉、骨、石、陶器共221件。其中有铸造精致的铜车马武士仪仗俑99件,特别值得一提的是后来引人注目的铜奔马,这时并不为人所注意。真正认识铜奔马价值的是大文豪郭沫若,他是发现铜奔马价值的伯乐。当郭沫若先生在甘肃省博物馆第一眼看到

铜奔马时，被牢牢地吸引住了。他让博物馆的同志将那件"铜奔马"从专门的柜子里取出，拿在手中从各个角度反复地看了很久。这是一只正在急速飞奔的骏马，它的一只蹄子在奔跑中掠到了一只飞鸟的背上，飞鸟惊讶地扭转头，一个梦幻般的瞬间凝聚成永恒。见过无数文物的郭老被深深地打动了，他惊叹于该作品无可挑剔的形体姿态以及完美的平衡感，发出了"天马行空，独来独往，就是拿到世界上去，都是一流的艺术珍品"的感慨。同时又向在场的人说："我到过很多国家，看到过很多马的雕像，那些雕像最古的也只有几百年，从未见过超过1000年的，而我们的祖先却在将近2000年前就制造出这样生动绝妙的铜像，无论从艺术构思的巧妙、工艺技术水平的高超，还是从结构力学角度来说，都达到了前所未有的水平，是我们民族的骄傲。"郭沫若对铜奔马的造型赞叹不已，认为它既有风驰电掣之势，又符合力学平衡原理，无疑是一件稀世珍宝。据亲历者说，当时，让郭老大加赞赏的两件国宝是唐代金银棺和东汉铜奔马，并且说："这两件拿到北京可以引起轰动。你们好好宣传，我回去也给你们宣传宣传。"后来，铜奔马在北京的展览上一鸣惊人。东汉铜奔马呈发绿古铜色（图1-1），身高34.5厘米，身长45厘米，宽13厘米，重7.15千克。马昂首嘶鸣，躯干壮实而四肢修长，腿蹄轻捷，三足腾空、飞驰向前。铜奔马微微地偏向一侧的头高昂着，前面头顶的鬃毛和后面的马尾一致向后方飘飞，浑圆的躯体呈流线型，四肢动感强烈，三蹄腾空，右后蹄踏一展翅奋飞、回首惊视的"风神鸟"龙雀，既改变了传统天马的造型手法，又符合力学平衡原理，并赋予了奔马以旺盛的生命力，使其具有强烈的震撼力。东汉铜奔马一出土，就被人们称为不同的名称，如马踏龙雀、飞燕骝、紫燕骝、天马、马神天驷、马踏飞燕等。其中两种说法都与郭老有关：一是"铜奔马"说。铜奔马的造型雄骏非凡，它昂首嘶鸣，马蹄腾空，作风驰电掣般奔驰，因而，经郭沫若先生鉴定，命名为"铜奔马"，因为是由青铜制成，也称"青铜

一、奇妙的平衡之术——"马踏飞燕"铜奔马

图1-1 东汉铜奔马 甘肃省博物馆藏

奔马"。二是"马踏飞燕"说。虽然"铜奔马"的称谓比较直观明了，但后来郭沫若先生认为这具铜马俑的精妙之处就是其后蹄下踏一飞燕，仅以"奔马"名之，显然不足以表现其浪漫主义意境，因此，将其改称为"马踏飞燕"，以表明奔马正在做凌空掠过燕背的飞驰。

东汉铜奔马在创作上运用了高度写实的手法，东汉铜奔马整个比例匀称，造型精准，虽然没有过多细节的刻画，却概括性地传达出其基本形体与动势。该铜奔马一足踏鸟背，另外三条足腾越于空中，令人吃惊的是它同一侧的两条足同时向一个方向腾起，这在一般马的奔

知识小档案

很多人以为"汗血宝马"指的是马在奔跑时会出血，这其实是误传。汗血宝马的皮肤较薄，奔跑时，血液在血管中流动容易被看到，另外，马的肩部和颈部汗腺发达，马出汗时往往先潮后湿，对于枣红色或栗色毛的马，出汗后局部颜色会显得更加鲜艳，就会给人以"流血"的错觉。

003

跑中是看不到的。这种姿态有一个专门的术语，叫"对侧步"，据说西域的大宛马就是走对侧步的高手。因此，有人根据铜奔马显现的对侧步造型认为，铜奔马的原型来自西域的大宛。但是也有人认为，铜奔马的外形不仅显示了大宛马快速稳定的特点，同时也存在着蒙古马的一些特性，它的肌肉厚实，身体也略显粗壮，这说明它并不是纯种的大宛马。实际上汉武帝当年引进大宛马后，跟蒙古马杂交，形成了具有独特风格的中国马，把两种在体形上不相同的马结合了在一起。为使铜奔马保持平衡，汉代设计者又精心地在其足下加上鸟形底座以固定，解决了这一现实问题。它显然是经过精心设计的，既符合力学原理，又使铜奔马的轻盈和物体的稳定双双得到完美的解决，这正是它的高超之处。同时又因为鸟形底座平，与地面接触面积大，鸟的头、双翅、尾呈现伸展状，就如三角支架，增大了稳定性。所有这些，使奔马的重心通过足踏于飞燕背上而能保持平稳，构思之精巧无出其右。

此外东汉铜奔马使用鸟形底座，将底座的实用功能与艺术创造结合起来，在艺术上也是一种创造。汉代聪明的制作者匠心独运，运用现实主义与浪漫主义相结合的艺术手法，把奔马和飞鸟绝妙地结合在一起，大胆地让马的右后蹄踏在一只凌空飞翔的鸟身上。这样就衬托出马的迅疾，使一匹静止的铜马活灵活现地呈现在人们面前。东汉铜奔马身躯粗壮圆浑，但其动作轻盈，用一足将全身重量都放在了一只小小的飞鸟身上，这显然是经过了周密的力学计算。小鸟似乎正吃惊地回首而望，惊愕于同奔马的不期而遇。此情此景简直就是"扬鞭只共鸟争飞"的

图1-2 天马图 甘肃省博物馆藏

真实再现。无独有偶，1977年，甘肃酒泉丁家闸的十六国时期墓葬壁画中又发现了彩绘的天马图（图1-2），一匹绘有红鬃赤尾，腾空飞跃在祥云中的神马，与铜奔马竟然有着惊人的相似。

知识·小·提示

大家比较一下铜奔马和壁画上的天马是不是非常相似，它们与现代的马有什么不同之处呢？

"马踏飞燕"铜奔马的绝妙之处不仅在于它的神性，更在于它独特的设计技巧。运动感与平稳感一直是艺术中一对很难处理的矛盾，而铜奔马则营造出一种剧烈的动感，却又不失平稳性。古代工匠巧妙利用力学原理使飞奔的马体重心落于一足，其余三足呈悬空状，闪电般轻盈翱翔的燕子被这突如其来的一击惊得张口嘶鸣，而这疾飞的燕子吃惊的回顾正好与微微左顾的马头相呼应。奔马身轻如燕，风驰电掣，跨越律动的四肢以回首惊视的飞燕作支垫，恰好延展了马足的长度，又以燕体的平衡扩大了马足的支撑面积。高昂的马头、上扬的马尾与翻腾的四蹄生动体现了动感、速度感、力量感，又给人视觉上的对称均衡感，巧妙达到了力学上的平稳要求，也绝妙地处理了运动感与平稳感的矛盾，于是驰骋不羁的飞马有了泰然不动的平稳性。

总之，东汉铜奔马是东汉青铜艺术的精品之作，其蕴含着极高的艺术、科学和历史价值并具有天马文化内涵，且铸造技艺精湛，堪称青铜艺术极品。"马踏飞燕"铜奔马是浪漫主义与现实主义的结合，艺术家以烘云托月的手法反衬骏马的神速并巧妙地利用了力学支点，把这惊心动魄的一刹那表现得淋漓尽致，无以复加。它不仅体现了汉代的民族精神：征服、飞升、自由，那种内在的生命力和一往无前的气魄，也象征了中华民族的精神，它是我国悠久历史与辉煌文化的杰出代表。整体上看，东汉铜奔马真实地反映了汉代人勇武豪迈的气概、昂扬向上的精神面貌，反映了汉王朝的强大与富裕。

二、神奇的魔镜——西汉透光铜镜

汉代是中国古代铜镜的一个重要高峰时期,聪明的"汉人"制造了各种类型的汉式铜镜,其中最神奇的莫过于西汉透光铜镜。1961年,周恩来总理到上海博物馆视察时,对该馆收藏的四面汉代铜镜特别感兴趣。上海博物馆所收藏的这四面西汉铜镜的外形与一般铜镜没有什么区别,但把镜面对着阳光,反射到墙上,能映出镜背的影像(图2-1)。这种现象很奇特,所以有人称为"魔镜",又称为透光镜。当时周恩来总理询问透光镜的原理,但博物馆工作人员也不清楚。周总理指示:"为什么会透光,要研究。"透光镜为何能有如此神奇,着实让当时的研究人员费了一番功夫。

图2-1 西汉透光铜镜 上海博物馆藏

西汉透光镜的特点是它看上去和其他镜子一样,没有什么太多引人注目的地方。它的正面微微凸出,光洁而明亮,能够清楚地照出人的形象,它的背面有一圈铭文:"见日之光,天下大明"8个字,每两个字之间有一个装饰性的符号,镜的中心有一圈连弧纹。这类青铜镜的形式是属于西汉中期的。如果用强光或聚光照射在镜面上,镜面的反射光线就产生出一个奇异现象。它的投影像一张镜背的相片,而不是镜面。因为在投影中,镜背的花纹和文字,甚至铜镜镜钮穿带子的孔,都能清楚地反映在墙上,但投影的光好像不是镜面上直接反射出来的,而是从镜背透过来的(图2-2)。我国古代的著作中,称这种镜子为"透光镜",这种镜子是非常珍贵和罕见的。以上海博物馆藏两面西汉时期的透光镜为例,圆形,直径7.4厘米,重50克,镜缘比较宽厚。镜背铸有文字和图样,一面镜子的铭文为"内清质以昭明",另一面镜子的铭文为"见日之光,天下大明"。镜子铭文是汉代铜镜常见的铭文,但这两面铜镜的镜面微凸,既可映照人面,又能在阳光照射下将镜背上的图文完整地映到墙上,仿佛光线从镜背穿透镜体再映射到墙上。

从西汉中期起,中国已制造出透光镜,但在隋唐时期已不大看得到。当时曾有一个以透光镜为题材的神话故事,叫作《古镜记》,说的是隋代一位名叫王度的人得到一面"承日照之,则背上文画,墨入影内,纤毫无失"的古镜,用来降妖伏怪。后来因为镜精远逝,宝镜不翼而飞。这个故事也

图2-2 西汉透光铜镜透光演示 上海博物馆藏

说明隋唐时期制造透光镜已是个别的情况了。一般人已不容易见到透光镜,偶然被人看到,由于对这种离奇的透光现象迷惑不解,就被看作神物。到了宋代,制造透光镜的工艺已经失传。宋代周密在其《云烟过眼录》中提到,如果把透光镜对准日光,可以看到纤毫无损的镜背影像。此外,金朝的麻九畴《赋伯玉透光镜》和明代郎瑛的《七修类稿》,对透光镜也都做了生动的描述。像宋代的沈括、元代的吾丘衍、明代的方以智、何孟春和清代的郑复光等,他们也都对铜镜的透光效应做过许多深入细致的研究。清代在湖州虽然曾造出过能透光的双喜镜,但不久也告失传,所以从宋代以来,对古代留传下来的透光镜都视为稀世珍宝了(图2-3)。其中西汉透光铜镜比日本透光镜("魔镜")要早1600年以上,而欧洲人在100多年前才开始见到透光镜。小朋友都知道金属不会透光,但为什么透光镜具有透光效应呢?其实古人早已注意到透光镜的奇异,宋代著名科学家沈括曾提

出了重要的破解方向：

图2-3 雍亲王题书堂深居图屏·裘装对镜轴
故宫博物院藏

"世有透光鉴，鉴背有铭文，凡二十字，字极古，莫能读。以鉴承日光，则背文及二十字，皆透在屋壁上，了了分明。人有原其理，以谓铸时薄处先冷，唯背文上差厚，后冷而铜缩多，文虽在背，而鉴面隐然有迹，所以于光中现。余观之，理诚如是。然余家有三鉴，又见他家所藏，皆是一样，文画铭字无纤异者，形制甚古。唯此一样光透，其他鉴虽至薄者皆莫能透。意古人别自有术。"

翻译成白话文，意思就是：

"世界上有种透光镜，背后有铭文，二十字左右，读不明白。镜子反射

知识小档案

沈括（1031～1095年），北宋官员、科学家，字存中，号梦溪丈人，汉族，杭州钱塘县（今浙江杭州）人。沈括出身于仕宦之家，幼年便随父亲游历各地。嘉祐八年，进士及第，被授予扬州司理参军的职位。宋神宗时参与熙宁变法，受到了王安石的器重，历任太子中允、检正中书刑房、提举司天监、史馆检讨、三司使等职，还曾驻守边境，抵御西夏。后因永乐城之战牵连被贬，晚年移居润州（今江苏镇江），隐居梦溪园。沈括一生致志于科学研究，被誉为"中国整部科学史中最卓越的人物"。代表作《梦溪笔谈》，内容丰富，集前代科学成就之大成，被称为"中国科学史上的里程碑"。

日光，背后的花纹和文字都投在墙壁上。有的人探索原理，认为铸造时薄的地方先冷却，厚的地方冷却慢，收缩多，花纹虽然在背面，但镜面似乎有痕迹，所以在阳光下显现。我观察，原理应该是这样。我家其他镜子也有薄的，但却不能透光，可能古人自有技术。"

　　历代学者历经900多年的研究，仍没有得到结论。长期以来，中国古代透光镜的透光效应与制造技术一直是个不解之谜。透光镜之谜最终还是由透光镜故乡的能人睿者破译的。遵照周总理的指示，上海交通大学等单位经过反复的研究，终于发现了西汉透光镜的原理：它是由于镜面曲率微小差异，使反射光聚散程度不一致，形成明暗不同的亮影，造成透光现象。而镜面微小曲率差异主要由于铸造应力，也由于磨镜时的附加弹性应变，从而使镜体拱了起来。这时镜子有纹饰处起了加强筋作用，凸起程度小；无纹饰的薄处，凸起程度大，致使曲率不一致，造成微小差异。简单地说，就是古代铸镜工匠在铸造和淬火过程中，因铸造应力的差异，镜体产生了微小的形变，但这还不能保证投光效果，同时在磨镜过程中，薄处要磨掉厚度的一半左右，如西汉透光镜最薄处2毫米，而镜缘厚度达到5～8毫米，使得镜面曲率不同，这是实现透光效果的关键。正是汉代透光镜曲率的差异与纹饰相对应，光线照射到镜面时，曲率大的地方反射光分散，投影较暗；曲率较小的地方反射光集中，投影较亮。这样较亮的花纹纹样就显现出来。1975年，上海博物馆成功地复制出西汉透光镜。

　　透光铜镜之妙充分地体现了中国先民们高超的制镜技术和对光的反射特性的深刻认识。聪明的汉代制镜工匠通过铸造研磨或淬火处理等方法均能制成透光镜。透光镜的出现表明2000多年前的汉代在铜合金的冶炼、铸造和加工等方面已达到较高的技术水平。

　　在利用平面镜的同时，古代中国人又发现了球面镜的奇特现象。球面镜有凹面镜和凸面镜两种。凹面镜具有聚焦的特性，利用凹面镜可以向日取火。古代人把凹面镜称为阳燧，意思就是利用太阳光来取火的工具，这是太阳能的最初利用。《古今注》中就记载，有一种"燧火镜"，"以铜为之，形如镜，照物则影倒，面日见火生，以艾承之，则火出"。意思是说："燧火镜"是用铜制成的，形状就像一般的镜子，观照人物时影子成倒置，镜子面对太阳就会引起火光，以艾去接，就会引出火来（图2-4）。

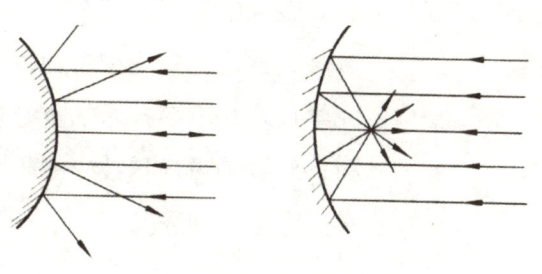

图2-4 凸面镜、凹面镜反射图

凸面镜的成影现象古人早就注意到。宋代沈括在《梦溪笔谈》中曾指出："古人铸鉴，鉴大则平，鉴小则凸。凡鉴洼则照人面大，凸则照人面小。小鉴不能全观人面，故令微凸，收人面令小，则鉴虽小而能全纳人面。"可能古代的人们已经懂得，直径较小的镜子，必需铸成凸面才能全部接纳人面的科学道理（图2-5）。现汽车上的反光凸镜，也是利用这个原理。

到目前为止，多数学者经过研究认为铜镜的透光效果是由于镜体厚薄不一造成的，因为镜面各部分出现了与镜背图纹的凹凸不平和曲率差异而形成。但这种曲率差异是怎样产生的呢？学者们的认识也有所不同，有的认为是通过快速冷却方法加工出来的，有的认为是在铸

知识小提示

照一照汽车上的反光凸镜，再照一照平面镜，对比一下照出的图像，看一看有什么不同。

图2-5 铜聚光镜（可聚光）故宫博物院藏

造研磨时产生各种压力后形成的，有的认为是在铜镜加工过程中刮磨不均形成的，有的认为是铜镜在铸造过程中冷却速度不同形成的。尽管关于铜镜透光效果的看法还存在着不少分歧，但它却是研究中国古代光学技术和冶金技术的重要资料，对我国古代科技史的研究具有很重要的意义。

三、最早的游标卡尺——东汉铜卡尺

游标卡尺是一种测量长度、内外径、深度的现代量具。游标卡尺由主尺和附在主尺上能滑动的游标两部分构成，在现代各种加工行业中使用十分普遍。在形形色色的计量器具家族中，游标卡尺作为一种被广泛使用的高精度测量工具，它是刻线直尺的延伸和拓展。一般认为最具现代测量价值的游标卡尺是由法国人约尼尔·皮尔发明的。他是一名颇具名气的数学家，在他的数学专著《新四分圆的结构、利用及特性》中记述了游标卡尺的结构和原理。而这把赫赫有名的游标卡尺至今没有见到，因此有人质疑他是否制成了游标卡尺。19世纪中叶，美国机械工业快速发展，美国夏普机械有限公司创始人于1985年秋，成功加工出了世界上第一批四把0～4英寸的游标卡尺，其精度达到了0.001毫米。1854年荷、法、德、英都普遍用上了游标卡尺，1856年日本也普及了游标卡尺，游标卡尺的制造技术逐渐更新，使之成为通用性的长度测量工具（图3-1）。

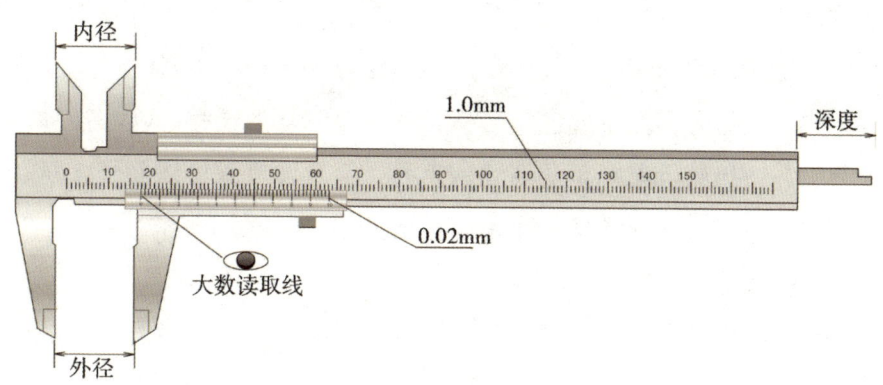

图3-1 游标卡尺

事实上，追溯游标卡尺的起源更早，中国是最早使用游标卡尺的国度。中国汉代科学技术发达，发明了大量的领先当时世界的先进仪器和器具，如浑天仪、地动仪、水排等"黑科技"，这些圆轴类零件的诞生，都昭示着刻线直尺在中国的诞生。其中最著名的测量工具莫过于汉代的"游标卡尺"。

1992年5月，在江苏扬州市西北8公里的邗江县甘泉乡（今扬州市邗江区甘泉街道），考古人员正有条不紊地对一座东汉早期砖室墓进行考古发掘。甘泉乡姚湾村位于汉广陵国郡城之西北，这里曾是两汉诸侯王、贵族墓群的丛葬区域所在。一件铜质器物的突然出土，打破了考古工地的平静。该器物呈英文字母"F"型，外形很像汉代常见的"矩"，但它又不是矩，表面虽然锈蚀严重，但是纹饰清晰，当考古工作者慢慢地剥去这件铜质器物表面的泥土后，大家看到了它的真容：这是一件大小两个"L"型直尺合体的铜制品，分别为固定尺和活动尺。其中，大"L"型直尺为固定尺，小"L"型直尺为活动尺。固定尺通长13.3厘米，固定卡爪长5.2厘米，宽0.9厘米，厚0.5厘米。固定尺上端有鱼形柄，长13厘米，中间开一导槽，槽内置一能旋转调节的导销，活动尺循着导槽左右移动。在活动尺和活动卡爪间接一环形拉手，便于系绳或抓握。两个爪相并时，固定尺与活动尺等长。这件设计精妙的金属器物正是极为罕见的汉代铜卡尺（图3-2），同时也因为出土地明确，年代明确，现收藏在扬州市博物馆，是国家一级文物。使用时，左手握住鱼形柄，右手牵动环形拉手，左右拉动，以测工件。用此量具既可测器物的直径，又可测其深度以及长、宽、厚，均较直尺方便和精确。可惜因年代久远，其固定尺和活动尺上的计量刻度和纪年铭文已锈蚀难以辨认。

扬州出土的东汉铜卡尺与现代游标卡尺相比较，二者有惊人的相似之处（图3-3）。现代游标卡尺主要由主尺、固定卡爪、游标架、活动卡爪、游标尺、千分螺丝、滑块等部分组成，而东汉铜卡尺是由固定尺、固定卡爪、鱼形柄、导槽、导销、组合套、活动尺、活动卡爪、拉手等部分组成。从组成的主要构件来看，铜卡尺的固定尺和活动尺，即是现代游标卡尺的主尺和副尺。铜卡尺的组合套、导槽和导销即是游标架。整个使用测量原理与今天通用的游标卡尺原理一样，其主要差距在于：现代游标卡尺应用微分原理，通过对齐主尺和副尺的两条刻线，能精确地标出本尺所能测出的精密度，而铜卡尺只能借助指示线，靠目测估出长度单位"分"以下的数据。通过比较，我们从中不难看出，扬州东汉墓出土的这件汉代的铜卡尺，从构造原理、性能和用途来看，就是现代游标卡尺的原型。这比欧洲的现代卡尺早了1600多年。东汉铜卡尺的考古出土发现，为研究我国古代科学技术史、数学史和度量衡史提供了实例，因此，弥足珍贵，同时也纠正了世人过去认为游标卡尺是欧美科学家发明的观念。

图3-2 东汉铜卡尺 扬州博物馆藏

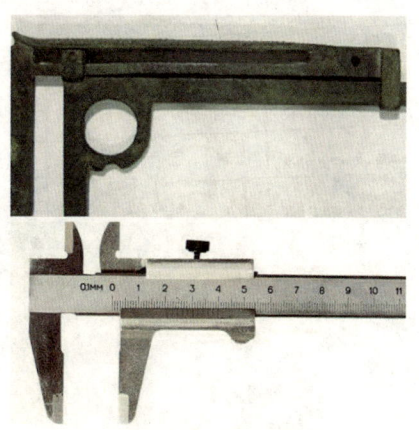

图3-3 卡尺古今对比

事实上，扬州东汉贵族墓出土的铜卡尺并不是最早的个案，中国很早就有此类器物的出土和发现。晚清大学者吴大澂《权衡度量实验考》中最早记载了有关王莽新朝始建国元年（公元9年）铜卡尺，之后容庚所编《秦汉金文录》也有类似的记载，一共收录了5件汉代卡尺拓本，可惜原物在解放前就已流散失传了。如今仅在中国国家博物馆和北京艺术博物馆各收藏一件，它们都有计量刻度和纪年铭文，前者主尺长15.2厘米，卡爪长6.2厘米；后者主尺长15.37厘米，卡爪长6.1厘米。中国国家博物馆珍藏的一件新莽时期的铜卡尺（图3-4），

知识小档案

王莽（公元前45~公元23年），字巨君，魏郡元城县（今河北省大名县）人，他是新朝开国皇帝，也是一位政治改革家。他是汉元帝皇后王政君之侄，在王政君掌传国玉玺时，王莽任大司马，兼管军事令及禁军，立汉平帝，得到朝野的拥戴。公元1年，王莽在推辞再三之后接受了"安汉公"的爵位，公元3年王莽的女儿成了皇后。元始四年（公元4年）加号宰衡，位在诸侯王公之上。因大力宣扬礼乐教化，得到儒生的拥戴，被加九锡。公元5年，王莽毒死汉平帝，立年仅两岁的孺子婴为皇太子，太皇太后命莽代天子朝政，称"假皇帝"或"摄皇帝"。初始元年（公元8年）王莽接受孺子婴禅让后称帝，改国号为新，改长安为常安，开中国历史上通过篡位作皇帝的先河。王莽即位后，托古改制造成社会经济极大混乱。法禁烦苛。加以连年灾荒，饥馑疾疫相继，以致民不聊生。又强迫各少数民族统治者改换汉朝封授的印绶，贬王为侯，引起各族反抗，社会危机进一步加深，终于爆发绿林、赤眉起义。地皇四年（公元23年），绿林军攻入长安，王莽被商人杜吴杀死，新朝灭亡。

全长14.22厘米，由固定尺、固定卡爪、鱼形柄、导槽、导销、组合套、活动尺和活动卡爪等部分组成。活动尺正面刻5寸；固定尺正面也刻5寸，除右端1寸外，左边的4寸，每寸又刻10分。上部有一鱼形柄，中间开一导槽。两只卡爪相并，固定尺与活动尺等长，两尺刻线大体相对。卡尺的固定尺与活动尺，相当于现代游标卡尺的主尺和副尺。组合套、导销和导槽，相当于现代游标卡尺的游标架，结构是相似的。固定尺一面刻度，另一面阴刻篆书"始建国元年正月癸酉朔日制"。《汉书·王莽传》载：王莽以十二月朔癸酉为建国元年正月之朔,以示改制,始建国元年即公元9年。即这件新莽时期的铜卡尺,是我国现今保存最早的卡尺。当时正当公元一世纪初,距今1900多年,是世界上最早的游标卡尺。使用这件铜卡尺,应是左手握住鱼形柄,右手牵动环形拉手,左右拉动,以测工件。如果用它测圆柱体、圆断面直径、榫槽深度,以及器物的长、宽、厚,都比使用直尺方便和精确。这件卡尺的最大测量极限是莽制4寸,所以固定尺右端1寸,无须刻分。因此无论从其原理、性能和用途来说,还是其制造年代而言,中国历史博物馆珍藏的新莽铜卡尺是一种更原始的游标卡尺,比

图3-4 新莽铜卡尺 中国国家博物馆藏

扬州出土的东汉铜卡尺还要早,应该算得上是现代卡尺的鼻祖了。事实证明中国游标卡尺的发明和使用至少是比西方早了1700年,直至今日,卡尺大体还保持着王莽发明时的样子。

除铜卡尺之外,我国早期先民还发明了不少测量工具,如规、矩、尺子等(图3-5)。我们通常所说"没有规矩不成方圆"中的

图3-5 东汉尺子正反面 吉林博物院藏

017

"规"就是画圆的工具,"矩"就是画方和测方的工具,"矩"上有刻度,就叫作"矩尺"。山东省计量科学研究院收藏了一件东汉时期的"矩尺",距今2000年,这件"矩尺",青铜制,长11.6厘米,有刻度,分为5格,每格约2.31厘米,正合汉代长度的1寸,称为"五寸矩尺"。文献《荀子·不苟》有"五寸之矩,尽天下之方"的记载,意思是说小小的5寸矩尺,可以测量各种大小不同器物的直角。这件5寸矩尺,不仅说明了史料记载的真实性,同时也说明了这件文物的珍贵。此外《史记·夏本纪》有大禹治水"左准绳,右规矩"的记载,"准"是测水平的工具,"绳"是打直线的(墨线)工具(也有学者提出是垂线),可见祖先很早就使用这些延续了几千年的基本工具了。汉代画像石中,常见有女娲、伏羲手举规矩的画像(图3-6)。女娲、伏羲都是传说中的人类始祖,画像表明早在汉代,人们就已经认为规矩来自遥远的始祖,画像除了表达他们认为的规矩的起源之外,还表达了汉代人对祖先赐予的先进测量工具、劳动工具的崇拜。正是有了这样貌似简单的工具,战国秦汉时期才能造出古代高大建筑、汉以前的大型水利工程,甚至更古老的造车技术。

图3-6 女娲、伏羲图

四、最早的计程车——记里鼓车

今天在中国大大小小城市中,都有一种重要的代步出行工具——出租车,相信每一位小朋友都可能乘坐过。出租车是按照行走路程的长短计费,故又叫作计程车。很多人可能都以为计程车是西方人的专利,其实早在距今2000多年前的汉代就已经有了计程车,只是古时它被称作"记里鼓车"。

记里鼓车是中国古代用于计算道路里程的车,相传由"记道车"发展而来。有关记道车的文字记载最早见于汉代刘歆的《西京杂记》:"汉朝舆驾祠甘泉汾阴,备千乘万骑,太仆执辔,大将军陪乘,名为大驾。司马车驾四,中道。辟恶车驾四,中道。记道车驾四,中道。"

可见至迟在西汉时期,即已有了这种可以计算道路里程的车。到后来,因为加了行一里路打一下鼓的装置,故名"记里鼓车"。相传汉代科学家张衡就是在记道车的基础上,利用齿轮咬合原理,研制了记里鼓车。晋人崔豹所著的《古今注》记载:"记里车,车为二层,皆有木人,行一里下层击鼓,行十里上层击镯(古代一种小钟)。"就是说这种车分上下两层,上一层设有一口钟,下一层设有一面鼓,车上有个头戴峨冠、身穿袍服的木头人,车子行走10里,木头人就会击鼓1次,击鼓10次,就会敲钟1次,以此计算行走的路程。

这种形象的记里鼓车在山东东汉孝堂山画像石中就有较为真实的再现(图4-1)。

我们大概认为它是

图4-1 汉代孝堂山画像石中的鼓车图

一种构造非常奇特的独辕双轮蓄力车，车厢分上下两层。

　　第一个在史书中留下姓名的记里鼓车机械专家，是三国时代的马钧。马钧，字德衡，三国时曹魏人，是当时闻名的机械大师。他不仅制造了指南车、记里鼓车，而且改进了绫机，提高织造速度；创制翻车（即龙骨水车）；设计并制造了以水力驱动大型歌舞木偶乐队的机械等，可惜，他的生卒年并无详尽记载，只知道他当过小官吏，并因不擅辞令，一生并不得志。

　　到宋代，卢道隆于1027年制成记里鼓车，以及吴德仁于1107年同时制成指南车和记里鼓车的详情，则被记载于《宋史·舆服志》中。417年，刘裕率军打败晋军，将缴获的记里鼓车、指南车等运回建康（南京）。后宋太祖平定三秦时又将其缴获。宋仁宗天圣五年（公元1027年），内侍卢道隆又造记里鼓车。后来吴德仁又重新设计制造了一种新的记里鼓车。吴德仁简化了前人的设计，所制记里鼓车，减少了一对用于击镯的齿轮，使记里鼓车向前走一里时，木人同时击鼓击镯。

　　《宋史·舆服志》对记里鼓车的外形构造也有较详细的记述（图4-2）："记里鼓车一名大章车。赤质，四面画花鸟，重台勾栏镂拱。行一里则上层木人击鼓，十里则次层木人击镯。一辕，凤首，驾四马。驾士旧十八人。太宗雍熙四年（公元987年）增为三十人。"由

图4-2 "伟大的祖国——古代发明"邮票上的记里鼓车

020

上述文字可知记里鼓车的外形十分精美，充分显示出当时手工技艺的高超水平。

记里鼓车的用途很狭窄，从《宋书·礼志》《旧唐书·舆服志》《唐书·车服志》和《金史·仪卫志》等文献材料来看，它只是皇帝出行时"大驾卤簿"中必不可少的仪仗之一，没有实际的用途。并且比较笨重，携带和使用不便，无益于世。故一经战乱，其器失传不存。至元代，此车已不见于卤簿，明清以降未闻有传其制者，此车遂绝迹于人间。

知识小档案

齿轮是能互相啮合的有齿的机械零件，它在机械传动及整个机械领域中的应用极其广泛。早在东周时代，我国已经有了铜铸的齿轮。山西侯马晋国铸铜遗址就曾经发现成套的齿轮陶范，有不同规格的4套，齿轮中间有孔，周围8个齿，这是迄今所知最早的齿轮铸件。专家研究认为，早期的齿轮大多用于止动，就是古人为了使那些做回转运动的机械（譬如辘轳）停下来并防止其滑动。

记里鼓车的基本原理和指南车相同，也是利用齿轮机构的差动关系。当年，张衡制造的记里鼓车可惜没有较详细的记载，东汉以后，有关记里鼓车的记载虽然有些零星的字句，但都太简略。到北宋时记里鼓车的制造方法更有改进，《宋史·舆服志》记载比较详细，大体说记里鼓车外形是独辕双轮，车箱内有立轮、大小平轮、铜旋风轮等，轮周各出齿若干，"凡用大小轮八，合二百八十五齿，递相钩锁，犬牙相制，周而复始"。

指南车和记里鼓车的形状虽然在历代制造时都有些改进，但它的差动齿轮原理可以肯定在1800多年前已经被张衡所应用了。记里鼓车的记程功能是由齿轮系完成的，车中有一套减速齿轮系（图4-3），

图4-3 齿轮

始终与车轮同时转动,"记里车行一里路,车上木人击鼓,行十里路,车上木人击镯。"其最末一只齿轮轴在车行一里时正好回转一周,车子上层的木人车上木人受凸轮牵动,由绳索拉起木人右臂击鼓一次,以示里程,每十里行程木人击镯一次。而"十里击镯"的记程,这一原理与现代汽车上的里程表的原理相同。由此可见,记里鼓车的创造是近代里程表、减速器发明的先驱,是科学技术史上的一项重要贡献。

记里鼓车是一种会自动记载行程的车辆,是中国古代社会的科学

四、最早的计程车——记里鼓车

图4-4 记里鼓车复原模型 中国国家博物馆藏

家、发明家研制出的自动机械物体,被机器人专家称为是一种中国古代机器人。科技史学家王振铎先生根据《宋史》的记载和张荫麟的齿轮系的排列,经过研究,制得记里鼓车的复原的模型(图4-4)。这个模型现陈列于中国国家博物馆内。

知识小提示

找到一些机械零件,尝试将型号不同的齿轮组合成为简单的传动装置,转动小齿轮,带动相邻的大齿轮,观察当大齿轮转动一圈时,小齿轮需要转动多少圈。

五、大秦帝国的色彩——中国紫之谜

"草茫茫，土苍苍。苍苍茫茫在何处，骊山脚下秦皇墓。"位于陕西西安临潼区的秦始皇兵马俑被誉为"世界第八大奇迹"，是现代考古最重要的发现之一。1987年，这个世界最大的地下军事博物馆被联合国教科文组织列入《世界遗产名录》。从1974年发现至今，一代代考古工作者小心翼翼地通过自己的手铲、刷子和棉签，向地下求知，打开已尘封2000多年的黄土，让一个震惊世界的神秘地下军阵在陕西临潼重现世界。他们在这里揭开大秦帝国的一个个谜团，同时也带来一个又一个新的困惑。

一"紫"惊天下

相信去过秦始皇帝陵博物院的朋友，都能看到这样一幕，在14260平方米的"一号坑"如今伫立着1000多件兵马俑（图5-1、图5-2），军阵整体向东，清一色呈现出厚重的灰黑色。这符合很多人对秦朝历史的认知，也是很多人通过照片看到的兵马俑色彩。

图5-1 一号兵马俑坑 秦始皇帝陵博物院

秦兵马俑真的是清一色的灰黑色吗？答案并非如此。

1999年4月，考古工作者在发掘秦俑"二号坑"时，出土6尊彩绘跪射武士俑（图5-3），这6尊陶俑全身不仅留有大片彩绘，而且色彩非常鲜艳，多姿多彩的兵马俑真相才得以揭开。也正是这一次的发掘活动，文物修复专家开始大规模使用抗皱剂和加固剂这种联合保护法，考古学家们终于留下了秦始皇兵马俑身上的色彩。

图5-2 兵马俑 秦始皇帝陵博物院藏

相对于1999年的考古发掘的新发现，2009年秦兵马俑"一号坑"第三次考古发掘取得的成果更多，发现的兵马俑颜色更是层出不穷，不仅服饰上的颜色丰富，连人的肤色也有多种。甚至在考古发掘现场，考古工作者还曾发现了一个眼珠为红色，瞳仁为黑色的彩绘兵马俑头。这件眼珠为红色、瞳仁为黑色的彩绘兵马俑头保存较为完整，从颈部被打断，与躯体脱离，横卧在黄土里，让人惊叹的是，这具彩俑头颜色十分丰富，眼珠子为红色，而瞳仁为黑色，这样的颜色搭配使这个俑头

图5-3 兵马俑 秦始皇帝陵博物院藏

一下子有了神采。

事实上，有关兵马俑是彩色的，对于每一位亲身参与过秦始皇兵马俑的考古工作者都是知道的"秘密"，兵马俑是彩色的，有朱红、枣红、紫红、粉红、深绿、粉绿、粉紫、粉蓝、中黄、桔黄、黑、白、赭……可以说是多彩绚丽。之所以称它为一个秘密，这是因为俑上的彩绘太难留住了，除了在发掘现场的人根本没有人能够见到（图5-4、图5-5）。早在1988年出版的兵马俑第一次大规模发掘的学术报告——《秦始皇陵兵马俑坑一号坑发掘报告（1974～1984）》中，就多处提到了兵马俑为彩绘这一事实。

图5-4 "万年永宝——中国馆藏文物保护成果展"中兵马俑 秦始皇帝陵博物院

图5-5 "万年永宝——中国馆藏文物保护成果展"中兵马俑 秦始皇帝陵博物院

然而在埋入地下2000多年的漫漫岁月中，秦俑俑坑遭受焚毁、坍塌及多次山洪冲刷，加上地下多种有害因素的影响，出土时大多数陶俑表面的彩绘已损失殆尽。如果被挖的区域没全部被火烧过的话，人们很可能会看到精美的彩色兵马俑。而那些残存的少数彩绘，保存状况也不好，稍不留意就会随土壤掉落，若不进行有效的保护，残留下来的彩绘很快就会荡然无存。根据多年的考古经验，兵马俑出土在接触空气后，15秒内就会氧化，4分钟内就会发生脱水、卷曲，然后迅速剥落，落入尘埃。有些陶俑身上还能够留下一些存留的色块，让我们依稀能够感觉到上面曾经遍布色彩，但颜色和鲜艳程度早已不可同当初同日而语。所以到目前为止，每一位游客在秦始皇帝陵博物院的"一号坑"前，只能看到一列列灰色的陶俑。

谜一样的中国紫

当然1999年这次兵马俑考古挖掘，让秦兵马俑从此打破了"灰头土脸"的形象，颜值提升的同时，更有一种颜色发现并被命名为"中国紫"开始广为人知。20世纪八九十年代，美国弗利尔研究所的伊丽莎白·菲兹胡等人第一次从汉代陶器、青铜器彩绘及颜料中分析出蓝色和紫色硅酸铜钡，并命名为汉紫、汉蓝，也称"中国紫""中国蓝"。这种神秘的紫色颜料目前在自然界中尚未发现，而秦俑是现在知道的有确切出土地点和年代的最早使用它的实物。经过多年艰苦攻关和科学研究，中国考古工作者也在20世纪90年代取得突破，首次在兵马俑的彩绘中发现了人工合成的"中国蓝"和"中国紫"，将中国人工合成颜料的历史推前了许多年。

据历史文献记载，我国古代工匠曾调出了两种特殊的色彩，"中国蓝"和"中国紫"，但随着岁月的流逝，"中国蓝"和"中国紫"究竟是个什么颜色，却一直无人知晓。

"硅酸铜钡是'中国蓝'和'中国紫'的典型'中国特色'。"秦始皇陵博物院文物保护部主任夏寅说，它们的特点是人工合成，将石青、石绿、重晶石、石英等物质混合，在1000摄氏度左右的温度下进行反应，生成新的物质硅酸铜钡。通过化学分析，文物保护修复专家还发现，在秦兵马俑身上珍贵的"中国紫"是一种在自然界没有找到、需要人工合成的色彩。因为合成难度大，"中国紫"稀有且珍贵。夏寅主任进一步说："2000多年前，秦人就能够通过矿物质人工合成颜料，非常了不起，足以说明秦代技术的发达。这类技术难度在秦俑的烧制上也有充分体现。"事实上，人类在进入工业社会以前，有三种非常重要的人工制造的蓝紫色颜料，分别是"埃及蓝"（图5-6）"中国紫"和"玛雅蓝"。

图5-6 古埃及壁画

据夏寅主任介绍说，"中国紫"的成分为硅酸铜钡，不但需要人工合成，而且由于其性质不稳定，在合成过程中对于材料配比和温度掌控要求非常高。因此，古时只有高级别的人物才能使用这种颜料。他曾对全国11个省区的超过千余件彩绘文物样品进行分析，发现"中国紫"的使用随着秦人的发展足迹扩展，也随着秦的灭亡而逐渐消失，只存在于西周到两汉的1000多年里。

对于它的消失，夏寅推测，这种颜料的制备技术可能只掌握在高级国家机关手中，随着两汉之后中国进入了一个漫长的分裂割据时期，这种先进的制备工艺失传了。"即便今天在现代实验室里制备这种色彩，也仍然难以把握。"夏寅说，"秦人如何掌握这种矿物质合成技术？又为什么要调制出'中国紫'这种自然界罕见的颜色？含义是什么？这是未解之谜。因为中国史书没有对这两种色彩的记载。"秦人是怎么做到的至今仍然是一个谜。或许是当时冶铁技术已非常熟练，会不会是在冶炼金属的过程中生产出的副产品。或许也可能是当时的人真正掌握了这个调色技术。

> **知识小档案**
>
> 我国矿物颜料的使用历史悠久，由于矿物本身的稳定状态，用矿物的颜色渲染的壁画可以历经千年而不变，如敦煌的壁画、永乐宫的壁画和北京西山法海寺壁画等。除了矿物颜料，我国也使用植物染色，利用自然界的花、草、树木、茎、叶、果实、种子、皮、根提取色素作为染料，主要用于毛、棉、丝、麻等纤维的染色。

彩色兵马俑的畅想

2014年国庆节，37位（组）兵马俑士兵在秦始皇帝陵博物院展出，其中最惊艳的莫过于一尊彩绘陶俑。在柔和的日光灯下，这尊2014年从秦始皇帝陵博物院"一号坑"出土、由上百块残片拼凑起来的驭手俑腰身挺拔，双臂微微前伸，双手呈抓握状……它的造型惟妙惟肖，头部缺损让人遗憾，而艳丽的紫色衣袖和袖口那一抹纯净的蓝更让人过目不忘。除这尊彩绘陶俑外，秦兵马俑的考古专家在统计了"一号坑"的陶俑后发现秦代工匠当年给陶俑彩绘时是非常用心的。秦代工匠在彩绘这些兵马俑时，非常讲究使用强烈的对比色，也就是撞色，在每个陶俑身上发挥得淋漓尽致。例如，红色上衣搭配绿色裤、紫色裤；细节上红色花纹通常搭配粉紫袖口、粉蓝领口……具体怎么配，就看秦代那些"造型师"的审美眼光了。在众多的颜色中，考古专家发现其中用的最多的颜色是粉红色。因为兵马俑是写实作品，粉色恰好是仿人的肤色。

根据兵马俑出土的各类陶俑身上残存的颜色分析，大体可以了解2000多年前秦人的着装特点。统计发现，秦人最喜欢的上衣颜色是绿、红、紫三色，其次是天蓝色。下衣的颜色主要是绿色，其次是红、天蓝、粉紫三种颜色。护腿的主要颜色是绿色，其次是粉紫、朱红、天蓝三色。这说明当时秦人服装的流行色或许就是绿、红、紫、蓝几种颜色。秦人着装不仅有流行色，还喜爱撞色。绿色上衣搭配粉紫或者朱红色的花边，下身穿天蓝或者紫色、枣红色的裤子。红色的上衣，其领和袖口一般是配着绿色或粉紫、天蓝色的花边，下身穿着深绿或粉绿裤子。细节方面，秦人也很关注，上衣的领部和袖口都镶着彩色的花边，使其绚丽美观。从兵马俑身上可以看出，当时秦军并没有像电影《英雄》里演的那样，身着统一的深色军装，威武庄严，而是各有不同，颜色花哨。现有的研究表明，除了武器和铠甲有官方统一配备外，当时士兵所穿衣服都是个人自备的，自带衣服上战场，按自己的爱好穿着，这也符合当时的历史。

随着现代科技飞速发展，留住兵马俑令人惊叹的绚丽色彩已经实现。随着研究深入，考古专家发现，秦人对色彩的使用颇有章法，但仍有谜团未解。据《史记·秦始皇本纪》记载，秦始皇统一六国后，把黑色作为最尊贵的颜色，"衣服旄旌节旗皆上黑"。然而，兵马俑的服装却是多彩的。据统计，兵马俑的服饰上有粉绿、朱红、枣红、粉红、天蓝、白色、赭石等十几种颜色，尤以粉绿、朱红、粉紫、天蓝四色数量最多。考古专家在探索如何保护兵马俑上的那些颜色时，同时也进一步思考这些五颜六色都是怎么被秦代的"艺术家"捣鼓出来的。考古专家在实验室对兵马俑取样分析后发现：这些五颜六色大部分是从自然界中的矿物质提取而成，如红色就是从朱砂中提炼；绿色则是来自孔雀石；蓝色来自石青；而白色，甚至是高温焚烧后的骨灰。除这些自然色外，考古专家还有惊人的发现，就是发现了一种特别神秘的颜色——"高冷紫",又称中国紫。秦兵马俑是目前所知最早使用紫色的实物。紫色的主要成分是硅酸铜钡,自然界中无法找到,必须经过化学合成。秦人是怎么做到的至今仍然是一个谜。有学者推测当时冶铁技术已非常熟练,会不会是在冶炼金属的过程中生产出的副产品,但也可能是当时的人真正掌握了这个调色技术。

经过2000多年的时光洗礼,战火波及,兵马俑这支曾经辉煌绚丽的地下军团早已失去了当初的光彩。但如今,当游客们漫步秦兵马俑馆时,已经有幸能欣赏到兵马俑出土时的多彩模样,如黑色的头发、红色的发带、粉色的脸庞、黑色或者褐色的眼睛、紫色的衣服和蓝色的袖边……现在借助互联网科技,秦始皇兵马俑数字博物馆正式上线。人们可以通过200亿像素的"超高清级别"照片,去观察和分辨兵马俑身上残存的古老"中国色彩"。相信随着文物保护技术的不断进步,游客们很快就能够见到越来越多的"彩色兵马俑"。秦兵马俑博物院的专家们也计划着在不久的将来再做一个展厅,将重新复制的彩色陶俑按照现在兵马俑坑的排列放置。这样游人既可以一睹五彩大秦军阵的本色,也不会破坏文物,同时能够更广阔地传递秦俑文化,可谓是一举多得。

六、时光的穿梭机——战国水晶杯

在科幻电影、科幻小说中,人类常常通过时光穿梭机穿越时空,回到过去或是未来之中。科学的世界是没有止境的,也许今天看来很荒诞的事物在不久的将来就能成为现实。同样,到底有没有时光穿越这回事谁也说不清,从古到今流传着无数的传说、神话,从前只是让人向往,而随着科技的发展,人们发现时光穿越也不是没有可能的。特别是在我国出土的各类考古文物中,经常让我们有时光穿越的感觉。现在收藏在杭州博物馆的战国水晶杯就是这样一件"穿越时光"的文物(图6-1)。

图6-1 战国水晶杯 杭州博物馆藏

战国水晶杯高15.4厘米,口径7.8厘米,底径5.4厘米,整器略带淡琥珀色,器表经抛光处理,器中部和底部有海绵体状自然结晶,局部可见絮状包裹体;器身为敞口,平唇,斜直壁呈喇叭状,圆底,圈足外撇;光素无纹,造型简洁,酷似现代的玻璃杯。这件水晶杯的奇妙之处在于它的透明度很高，造型简洁流畅，十分有现代感，很像我们平时喝水用的玻璃杯。因此，前去观看的游客都惊呆了，这不是和咱们家喝水的杯子没什么两样吗？也有网友惊呼："穿越！一定是穿越！"还有网友开玩笑说："这是我家的牛奶杯，昨天穿越到战国不小心遗失的。"

有关该水晶杯的发现也十分传奇。1990年10月下旬，杭州市半山镇石塘村工农砖瓦厂的工人在取土烧砖时，无意中发现了一个不大的洞口，直径不到1米。当地文物部门得到消息后立即派工作人员前往现场收集遗物。经过考古人员的清理和考证，认定这个窖藏属于战国晚期。半山镇一带自从20世纪80年代就几乎年年都有秦汉墓葬被发现，考古专家猜测，这个窖藏不应该是独立存在的，在这附近应该还有别的战国遗址存在，有必要进行考古发掘，于是他们组织了大范围的发掘，果然就在附近发现了一座战国大墓。这座编号"石塘战国一号墓"是杭州地区首次发现的较大型的先秦墓葬，墓室约15米长，5.4米宽。墓中有熟土二层台，墓室里面有排水沟。更罕见的是，墓中有大量的木炭。在二层台的边上有宽20厘米、高30厘米的木炭层，墓底也铺有木炭。在发现了墓室里的木炭层后，考古队员们使用一边削尖的毛竹一点点地清理。据该墓发掘亲历者、原杭州文物考古研究所所长杜正贤回忆："当时的天气很好，一个多月没下雨。有一天，工作人员在清理时，突然被一道刺眼的反射光晃了眼，这道反射光引起了我们的注意，大家就顺着这个地方清理，最后发现了水晶杯。"回忆水晶杯的发现经过，杜正贤仍旧记忆深刻。墓葬中的棺材没有了踪影，水晶杯的旁边还出土了一些墓主人随身佩带的玉器、玛瑙等小型器，杜正贤推测水晶杯出于墓葬的棺中。随后，水晶杯被送到北京鉴定。中国考古界泰斗苏秉琦先生见到此杯，即赞为国宝。

这件战国水晶杯的稀有之处在于它是由一整块透明度极高的水晶雕琢而成，需要使用细致的钻孔、圆雕、弧面打磨"抛光"处理等技术，是中国早期水晶器皿中个头最大的。仔细观察水晶杯，会看到杯子壁上有浅浅的天然水晶纹路，而水晶较为浑浊的部分，又被制作工匠巧妙地藏到了杯子底部，可谓巧夺天工。

这么大的形体必然增加了制作的难度，而这么大的一块完整的高品质水晶也是极其罕见的，所以无论是从原料还是从工艺上来说，在战国时期的生产条件下都是出类拔萃的。当然真正令人惊叹的不仅是原料工艺，而是它和当今人们所用的玻璃杯极其接近的外形，这也许是历史的一种巧合，也可能是一种必然。战国时期的古人在用一块巨大的水晶磨制器皿时，限于制作水平而选择这样的线条轮廓来达到美观、实用，并且降低制作难度的目的；几千年后的人们所使用的这种形态的玻璃杯，也一样有着经济耐用和美观的特点，虽然材质不同，制作手段也不同，但所达到的目的是相同的。

谈到对该水晶杯的研究，考古学家杜正贤说道："水晶杯有三个谜，一个是材料，一个是取芯，一个是抛光技术。这也是苏秉琦先生关注的问题。"首先是水晶杯的材料问题。水晶杯发现后不久，考古学家杜正贤就将此器物带到了北京，请著名的考古学家苏秉琦和宿白先生鉴定。谈到这一经历，杜正贤仍旧十分激动："我们到了社科院考古所，请苏先生看，苏先生捧在手里，看了很长时间，说'从没见过这样的东西，这个东西太神奇了'。后来到了北大，宿白先生也说没有见过。因为是天然水晶的材质，两位先生都建议我们找地矿部门去看一看。" 杜正贤回到杭州之后，找到浙江省地矿厅的有关专家看这件水晶杯。专家们看了以后也一致表示我们国内现在还找不出这样的高纯度水晶。这么高的纯度，这么好的水晶，国内是没有的。即使到了现在，光是这样的水晶价值就非常高了。但是也不能判断古代有没有这样的水晶。所以到现在为止，水晶的来源还是一个谜。其次是抛光问题。水晶杯外壁抛光相对简单一些，但是因为水晶杯上宽下窄的特点，手伸不进去，其里面的部分很难打磨到。古代人是如何把内壁和底部打磨得那么光洁平整，也是一个问题。战国时期，中国玉器加工技术已经进入鼎盛阶段，该水晶杯主要运用的是熟练的弧面打磨工艺和抛光工艺。最后是取芯问题。这件水晶杯是由一整块透明度极高的天然水晶制作而成的，如何取芯是一个问题。首先是水晶的硬度很高，很难加工；其次是杯子是斜壁，上面宽，下面窄，这就导致了加工更加复杂。苏秉琦先生在看到杯子之后，对它的制作工艺很疑惑。推断水晶杯可能使用了和玉器一样的制作方法，用了管钻的方法；也可能使用金刚砂磨。但是该水晶杯究竟使用了哪种方法取芯，现在还无法确定。战国时期玉器加工的关键工具砣在材质上的改变，使玉器碾琢水平有了较大提高，这一时期的许多玉件线条干净利落，边角磨得锋利如刃。水晶在地质学上属石英，硬度为摩氏7度，虽然是宝玉石中硬度较高的品种，但使用金刚砂类的中间介质对其加工还是可行的，故推测该水晶杯取芯估计主要是金刚砂磨技术。无独有偶，几年后，徐州龟山楚襄王刘注墓就出土有水晶带钩（图6-2），形制规整、晶莹剔透。这水晶带钩在形态上和雕刻工艺上比战国水晶杯更为复杂。它凸出来的那个钩子的面和弧度被雕刻得极为平滑和精湛，整体看上去跟现代的工业水晶饰品几乎没区别。

事实上，有关该水晶杯的研究，需要更多的关心、研究水晶类文物的专家学者参与到水晶杯的研究中来，共同关

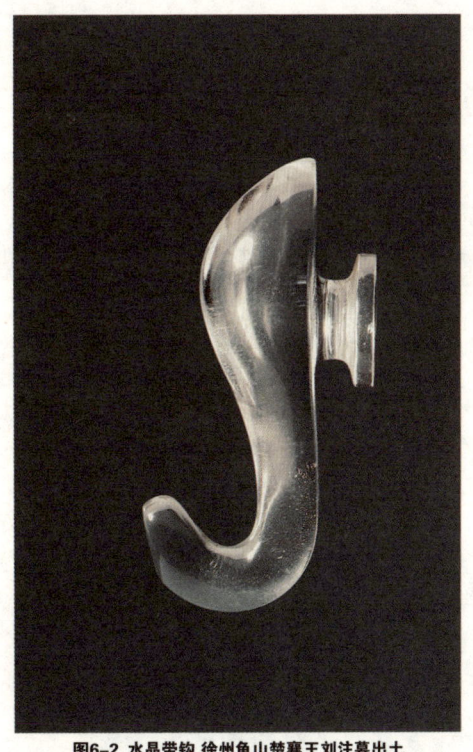

图6-2 水晶带钩 徐州龟山楚襄王刘注墓出土

> **知识小档案**
>
> 水晶杯的制作方法可以参考古代玉器的制作方法。清人李澄渊绘《玉作图》（图6-3），画册共含12幅彩绘图，记录描绘传统制玉的主要步骤。每幅中间是主画面，左右两侧有竖栏各三行，首行书工序编号和工序名，后楷书说明文。传统制玉的主要步骤包括：捣沙、研浆、开玉、扎砣、冲砣、磨砣、掏堂、上花、打钻、透花、打眼、木砣、皮砣。

注，共同探讨，更进一步解读这件国宝承载的时代内涵。到目前为止，战国水晶杯不仅是迄今为止中国出土的早期水晶制品中器形最大的一件，就其工艺水平而论，也是无与伦比的珍品，同时也是杭州博物馆"镇馆之宝"。2002年，中国

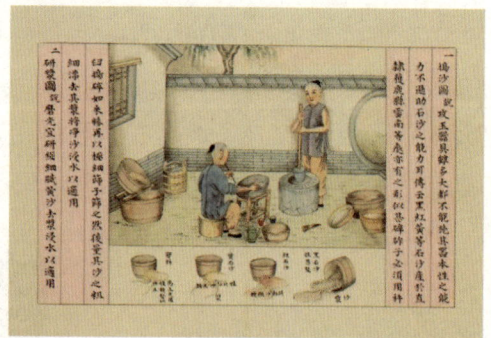

图6-3 《玉作图》中的捣沙图、研浆图
清光绪十七年序钞绘本

国家文物局发布的《首批禁止出国（境）展览文物目录》，战国水晶杯以其独特的历史和艺术价值，名列其中。

> **知识小档案**
>
> 按照中国政府规定，下列文物被禁止出国展览：①历代出土古尸；②宗教场所的主尊造像；③质地为象牙、犀角的文物；④元以前书画、丝作品；⑤宋、元有代表性的孤品瓷器。

七、最早的活环工艺——曾侯乙玉佩

玉器自古以来为中国人所喜爱，自然玉雕就是历史悠久的传统手工技艺。即便是今天有了电动雕刻机的辅助，但玉雕师傅手艺的高低，还是决定了玉雕作品的价值高低。在众多玉雕工艺中，活环链雕是玉雕中难度极高的一种工艺。活环链雕源于玉石的钻孔技术，后随着技术应用的广泛，开始出现了套环工艺，即玉雕师完全从一块石头中雕刻出来，并拉成长长的一串活环，从设计到雕刻到成品，处处都透着严谨与精湛。活环链雕的技艺既难又险，雕刻过程中要求专注和精确，从链环的钻孔到环与环之间的距离，稍有差池，就会造成链条断裂，前功尽弃。因此，环链雕对于雕刻者大局观以及手艺的要求都是非常高的。长期以来，因为活环玉佩制作工艺在民间早已经失传，唯有清代乾隆皇帝的田黄三连印章被保存在故宫内，被视为爱新觉罗家族的传家之宝（图7-1）。所以，很多人认为活环玉器的工艺诞生于清朝。事实上并非如此。

图7-1 乾隆田黄三连印章 故宫博物院藏

1978年，考古工作者在湖北随州市西北郊擂鼓墩发掘了一座春秋战国时期贵族墓葬，从出土文物考证可知墓主是春秋时期的诸侯曾侯乙。曾侯乙墓是春秋墓葬中少量的没有被盗掘过的墓葬之一，出土了大量的珍贵文物，其中一个十六节龙凤玉佩（图7-2），更是让考古专家眼前一亮。这件国宝级文物"十六节龙凤玉佩饰"全长48厘米，宽8.3厘米，由13片镂空的各种形式或图案的玉片及24个圆环、半圆环或方扣连接而成。其中有4个银挺玉插入，拆卸银挺玉之后便成为5

块长度不同、环片多少不等的连环玉佩。其中第一块玉有二片二环,第二块玉有三片六环,第三块小玉仅有二环,第四块玉有三片四环,第五块玉有五片六环。整个十六节龙凤玉佩饰折叠起来便形成一块玉团状。

图7-2 十六节龙凤玉佩饰 湖北省博物馆藏

整件玉佩是经过周密设计之后精心加工而成。第一块玉上下片以自身凸出的玉环连成一体,上片近方形夔龙,下片是四角出夔凤的涡文环;第二块玉最上层一片镂四个勾连活环,第二片是半椭圆形镂空变相夔龙纹环;第三、四片琢成腰圆形片,均以十字间隔,每一空间内饰镂空涡纹。第三块小玉琢成饰以蛇纹的扁方形扣,中间一素环勾连一夔龙环;第四块椭圆形玉7.3厘米宽,上下两层腰圆玉片均为镂空螭虎纹,各琢镂两个固定的半圆环与侧面出脊角的扁方二孔扣环连接,扣环饰夔龙纹;第五块玉最上的方形玉片为镂空夔龙纹,上下镂二方孔,与其下之镂空二夔龙、二蛇纹扁方孔玉片相连,其下是以二环连接的尖首玉片,宽8.1厘米,饰镂空蛇首纹,最下方的玉片为镂空螭纹,有固定的半圆环。全器采用分雕连接法,用5块玉料分割对剖,之间再以玉环相连,制成可以活动折卷的16节。其上37条龙、7只凤和10条蛇形态各异,生机盎然。并饰有变形龙纹、谷纹、云纹、鳞片纹、绞丝纹、斜线纹等,布局严谨,对称考究。采用镂空、浮雕、阴刻等技法,在连接各节的环中,除5块玉料各自透雕而成的固定或活动的环之外,另增加3个可拆装的榫卯合成的活环和一个玉销钉。此玉佩设计之巧妙、玲珑剔透;工艺之精湛、无以复加,代表了当时玉器雕琢工艺的最高成就。曾侯乙墓出土的这件十六节龙凤玉佩设计巧妙,工艺高超,风格统一,透雕、浮雕、线刻、活环等技术炉火纯青。此玉佩纹饰均用隐起阴线琢法，起伏自然顺理，琢工精巧妩媚，是迄今发现的多节活动链状玉佩中最长、最精美的一件，堪称战国玉雕中的稀世瑰宝。

曾侯乙墓出土的十六节龙凤玉佩，直接将古代人对活环玉器的工艺，从清代向前推到2000年前的春秋战国时期，甚至是更久远。事实上，建国后在江西新干县考古出土的一件商代屈蹲羽人活环玉佩饰是目前发现最早的活环玉器作品（图7-3）。这件屈蹲羽人活环玉佩饰出土于江西新干大洋洲的一座商代墓葬中，通高11.5厘米，身高8.7厘米，背脊厚1.4厘米。叶腊石质，呈棕红色，色泽匀

图7-3 屈蹲羽人活环玉佩饰 江西省博物馆藏

润，有滑感，蜡状光泽，无瑕疵，不透明。通体作侧身蹲坐式，两侧基本对称。高冠，呈鸟形，鸟尾以掏雕法琢出3个相连的链环。工艺虽然古拙，粗犷，但是非常美观，这种套环工艺在几千年前的商代出现更是难能可贵。

宋代时，扬州玉器在工艺上已掌握了镂空雕技法和链条的制作技巧。宋代大量出现的花鸟、炉瓶等玉器，就是在此基础上进一步发展成熟的链子活。据清代学者谢坤所著《春草堂集》一书记载，他曾在扬州康山江氏家亲眼见过宋代扬州所制的玉塔："宋制玲珑玉塔，塔玉雪白……塔顶有连环小索，系诸顶层六角，绝不紊乱，所言鬼斧神工莫能过是。"宋以后，经明、清两朝发展，链雕工艺愈加完善。今天当我们面对这一件件考古发掘出土的工艺精巧、纤细透剔、堪称绝技的活环玉雕工艺品，不得不感叹古人的智慧（图7-4、图7-5）。

图7-4 清末翡翠缠枝菊花纹环耳扁盖瓶 天津博物馆藏

图7-5 清末碧玉兽面纹提梁卣 天津博物馆藏

八、古老的微型空调——卧被铜香囊

香囊是中国最悠久、最古老的传统吉祥物，我们的祖先认为带有芳香气味的材料和药材可以通神，缝到布袋中，可以起到驱邪、祈福、保佑平安的作用，后逐渐演变成锦缎刺绣制成的样式。从战国时期以至秦、汉、晋时期，不仅小孩和女人佩戴香囊，即使大男人也堂而皇之佩戴香囊。魏晋之时，佩带香囊更成为儒雅风流的一种表现，东晋谢玄就特别喜欢佩紫罗香囊，谢安怕其玩物丧志，但又不想伤害他，就用嬉戏的方法赢得了香囊，烧掉，成为历史上的一段佳话。后世香囊则成为男女、儿童常佩的饰物，宋代诗人秦观《满庭芳》里有"消魂当此际，香囊暗解，罗带轻分"的句子就是明证。在唐代已经出现用金银玉器、竹木牙角等材料制作的香囊。唐代，权贵人家喜以黄金制作日常用的香囊于人前炫耀。在诸多香囊实物中，最著名的莫过西安市何家村窖藏出土的唐代葡萄花鸟纹银香囊（图8-1）。

图8-1 唐代葡萄花鸟纹银香囊 陕西历史博物馆藏

1970年10月5日陕西西安南郊何家村的一个基建工地上，施工的工人挖出了一个高65厘米、腹径60厘米的陶瓮，里面装有大量金银器。10月11日，在第一个陶瓮出土地点的北侧不远处，考古人员又发现了一个大小类似的陶瓮，瓮上面盖有一层银渣，其内装有金银器和玉器；考古人员在陶瓮的旁边还发现了一件高30厘米、腹径25厘米的银罐，银罐内装有一件精美的镶金兽首玛瑙杯。这次发现共出土文物1000多件，包括各种金银器、银铤、银板、银饼、中外钱币、宝玉珍饰和贵重药材。这次出土的文物被称为何家村唐代窖藏。考古工作者经过钻探并对照文献，初步判断1970年何家村的位置是在唐代长安城兴化坊中部偏西南处。根据陕西历史博物馆和北京大学的学者考证，何家村窖藏的主人是唐代尚书租庸使刘震，窖藏埋藏年代应为唐德宗建中四年（公元783年）的泾原兵变时，也因兵乱保存到现代。唐德宗建中四年爆发泾原兵变，刘震或在逃亡时将其仓促埋藏于地底，后因参加叛军，刘震夫妇在唐军收复京城时被斩，宝藏从此不见天日。然而关于刘震出逃的这段史料记载并不在正史中，所以他作为遗宝主人的真实性还有待考察。

何家村窖藏的制作工艺代表了唐代的最高水平。何家村金银器使我们对唐代的金属冶炼、机械设计及加工、焊接、贵金属制作等都有了直观、深入的认识。专家推测当时可能已经使用简单车床对材料进行切削、抛光，窖藏文物的焊接、铆、镀、刻、凿等的工艺技术已达到较高的水平，同时大量优质银器的出现也表明当时冶银技术的进步，其中葡萄花鸟纹银香囊就是其代表之一。

葡萄花鸟纹银香囊距今1300余年，外径4.6厘米，金香盂直径2.8

知识小·提示

何家村窖藏中被定为"中国国宝级文物"的有3件，"中国国家一级文物"的有数十件，目前被收藏在陕西历史博物馆，"大唐遗宝——何家村窖藏出土文物展"是陕西历史博物馆重要的常设专题展览之一，去西安的朋友们不要忘记去看展览哦！

厘米，链长7.5厘米，外形葡萄缠枝，花鸟相依，高超的镂空雕刻艺术展示盛唐时期古丝路的风格。香囊外壁用银制，呈圆球形，通体镂空，以中部水平线为界平均分割形成两个半球形，上下球体之间，一侧以钩链相勾合，一侧以活轴相套合，下部球体内又设两层银质的双轴相连的同心圆机环，外层机环与球壁相连，内层机环分别与外层机环和金盂相连，内层机环内安放半圆形金香盂，外壁、机环、金盂之间，用银质铆钉铆接，可以自由转动（图8-2）。这样无论外壁球体怎样转动，由于机环和金盂重力的作用，香盂始终保持重心向下，里面的香料不致洒落于外。外层是镂空刻花的银球。唐葡萄花鸟纹银香囊的顶部设有环链和挂钩，可以挂在车仗帷幔上或贴身佩带。尽管已经经历了1000多年，其仍然玲珑剔透，转动起来灵活自如，平衡不倒，其设计之科学与巧妙，令现代人叹绝。

图8-2 唐葡萄花鸟纹银香囊打开图 陕西历史博物馆藏

　　唐葡萄花鸟纹银香囊以球体形状为主，圆形线条给人以舒适、圆满的感觉，展现了柔软、温和的个性。唐葡萄花鸟纹银香囊表面满饰葡萄花鸟纹饰，纹饰自然婉转，疏密考究，线面得体；花纹以顶点和底点中心均匀对称分布，体现了对称的形式美，平衡构造原理与现代陀螺仪相同，显示了极高的设计水平。通体镂刻葡萄花鸟纹，香囊外层镂刻的花纹，不仅具有极佳的装饰性，而且便于香烟飘散。唐葡萄花鸟纹银香囊上葡萄枝叶繁茂硕果累累，有五谷丰登的寓意，花鸟与葡萄相结合，表达出吉祥的含义；唐葡萄花鸟纹银香囊使用银材质是富贵的象征。此外葡萄是从西域引进的，可见唐葡萄花鸟纹银香囊是中外文化交流的结果，是丝绸之路与西域文化交流的结果。这件香囊具有华丽精美的时代审美特点，体现了开放的唐代社会的精神面貌和思想观念，也是目前发现直径最大的一件香囊。

唐葡萄花鸟纹银香囊的制作工艺显示了镂刻、錾刻的不俗水平。香囊用厚1厘米的金片捶打而成，外壁密密麻麻捶揲留下的痕迹清晰可辨。香囊材质极好的韧性决定了香囊特定的加工工艺和表现手法，即运用了捶揲、錾刻、镂空、鎏金等方式制作。唐代工匠在制作器物成型时首先采用捶揲工艺，即通过反复捶击的方法使之延展成片状，并在金银器物的表面，通过模具把预先设计好的图形敲击捶揲出凹凸起伏的图案，再通过錾刻工艺（图8-3）勾勒出基本纹样，小心去除多余部分，做出镂空图案。最后在局部采用鎏金工艺，让整个香囊更加光彩夺目。

图8-3 唐葡萄花鸟纹银香囊结构图 陕西历史博物馆藏

最为精巧的是，唐葡萄花鸟纹银香囊应用了物理学上的支点悬挂法。唐葡萄花鸟纹银香囊内部有半球形焚香盂，以其直径与边缘相交的两点为轴线，与内持平环用活轴衔接。当内持平环呈水平位置时，香盂因自身重心低，可以前后轻微晃动而不会左右倾斜翻倒。内持平环与外持平环也用活轴相连接，连接点在焚香盂原连接直线垂直的方向，两轴心线的夹角为90度。内持平环能避免香盂前后方向倾斜，外持平环则能防止香盂（包括内持平环）左右倾斜。说简单点，就是该香囊内部装有一个万向轴，中间有一个小小的香盂，借助力学的原理，无论球体如何转动，内部的香盂始终朝上，香料不会洒出。

知识·小·档案

熏香是原态香材、香料经过清洗、干燥、分割等简单的加工制作而成的香料。从历史典籍上看，我国对香料的认识和使用都很早，在先秦就有相关的记载，《周礼·春官》载"掌岁时祓除衅（同熏）浴"。《豳风·七月》载"穹窒熏鼠，塞向墐户"。熏香的香料品种很多，不下一百多种，大多取自动植物，产地多出在南海和西方诸国。各个时期的喜好不同，所以不同朝代流行不同香料。但大体来看，主要还是以龙涎香、乳香、沉香、檀香等最为受欢迎。此外，还有麝香、苏合香、安息香、丁香、降真香。

在香盂中点上香，热量传递至金属外壳，既能熏香，又可暖手暖被。唐代大诗人白居易有诗道："拂胸轻粉絮，暖手小香囊。"

香熏球在唐代的正式名称叫香囊，又称被中香炉。盛唐在贵族中普遍使用，是一种熏香用器，其钵内放置香料，点燃后香气从镂空处外飘，以改善室内的空气。唐代香囊大多为熏球形，设计巧妙，它的独特之处在于，在随身佩带和焚烧香料以熏蒸衣服被褥时，无论球体如何滚动，由于同心圆环和对称的活轴，囊中的香料均不会遗洒烫伤衣物。因此它同时具有熏衣物和取暖的两重功效，兼具两种用途。相传香囊也是杨贵妃的最爱。唐代"安史之乱"时，安禄山反叛，唐玄宗等逃离长安，途径马嵬坡时，赐死杨贵妃，并葬于此地。唐玄宗后来自蜀地重返京都，念及旧情，密令改葬。当挖开杨贵妃旧冢时，发现当初埋葬时用于裹尸的紫色褥子以及尸体都已经腐烂，唯有香囊还好好的。估计杨贵妃身上佩戴的香囊就是金银或其他不易腐烂的材料制成。在这样凄惋的心情下，唐玄宗伤感叹息，愁苦郁闷成疾，终于在对杨贵妃的念念不忘中死去，时年78岁。

　　西安何家村唐代窖藏出土的这件香囊意义重大，不仅印证了唐代已经出现金银所制香囊，其持平原理与近代发明的一种仪器有着惊人的相似之处！该香囊设计精巧，无论外壁球体怎样转动，由于机环和金盂重力的作用，中间的香盂总是保持平衡，里面的香料不致洒落。力学专家介绍说，这件唐代香囊中的持平装置完全符合陀螺仪原理。一般认为，作为一种机械装置，第一台真正实用的陀螺仪器问世只有大半个世纪。它的基本原理是一个旋转物体的旋转轴所指的方向在不受外力影响时，是不会改变的。人们根据这个道理，用它来保持方向，制造出来的东西就叫作陀螺仪（图8-4）。这一原理在欧美是近代才发明并广泛应用于航空、航海领域，而中国最晚在1200年前的

图8-4 陀螺仪模型

唐王朝时就已掌握了此项原理,且被广泛用于贵族人家的日常生活中（图8-5）。从这个意义上说,西安何家村唐代窖藏出土的这件香囊简直就是实用与艺术的精美结合。代表了中国古代科学技术的高超成就,同时也是一件对人类航海航天事业做出贡献的杰作。

图8-5 元代钱选《杨贵妃上马图》

九、漂洋过海来看你——水密隔舱

传统上一般认为中国属于陆地国家，事实上古代中国也曾经是非常发达的海洋国家，造船业非常发达，著名的郑和下西洋就是典型的例子，同时也拥有许多领先世界的造船技术。其中水密舱壁是中国古代造船工艺上的一项重大发明，也是造船技术的一大突破。所谓水密舱壁也称水密舱室或防水舱，是船舱的安全结构设计，其位于船体内，是船身内部经水密舱壁所区隔划出的多间独立舱室。当船舶遭遇意外使船舱少部分破损进水时，其他尚未受波及的水密隔舱则还能提供船舶浮力，减缓立即下沉的风险。另外，水密隔舱也可规划成多用途的空间，例如邮轮中的住客舱、货物舱、机房等。可以说，水密隔舱在防止船舶因进水下沉上起到了至关重要的作用，也是保证古今船只在茫茫大海平安航行的秘密武器。

文献中的水密隔舱

大海一望无际且常有风浪，一旦遇上意外，在通信技术发达的今天，在海上航行的生还可能性依然不高。那么像水密隔舱这种能够提升船舶安全性的技术就非常重要了。我国古代的先民在长期与大海打交道的过程中，很早就掌握了水密隔舱技术。最早见于梁（南朝）《宋书》关于"八艚舰"的记载。晋代《义熙起居注》中也提到孙恩"新作八槽舰"，福建《西山杂志》中记述唐代王尧造"银镶舱舷十五格"船中"八槽""十五格"。

相传闽越先民因世代与海为邻，素以"习水善舟"闻名。三国时期，孙吴政权在今福建霞浦县洪山脚下古县村一带建立"温麻船屯"，发配刑徒，征集工匠，筑屯造船。宁德属于闽越族聚居地，其山地遍生楠、松、樟、杉等树木，可供温麻船屯建造海船之用。温麻所产的用五块巨大木板（或有五层舷板）所造的海船，称为"温麻五会"，因"会五板以为船"而得名。这种海船极为坚固，也因此声名大噪，温麻船屯成为吴国最大的造船基地之一，并培训出大批航海技术人才。温麻船屯也制造出运载量巨大的，如"青桐大舡""鸭头舡"等名目繁多的各类船舶。其大者长二十余丈（50米左右），高出水面可达3~4丈（6~8米），可载600~700人，装载物资万斛（300吨）以上，船张七帆，堪称巨舶。孙吴政权凭借温麻大船，北航辽东，东行台澎，为中国航海事业的发展和海峡两岸的早期联系做出了重要的贡献。

温麻船屯的建立是吴国经营开发东南沿海地区的历史性事件，此前尚属蛮荒的闽东地区从此焕发出蓬勃生机。孙吴为晋所灭后，典船校尉和温麻船屯旧制被延续下来。温麻船屯为东南沿海的造船业积累了成熟的技术，晋末孙恩、卢循起义军的造船技术就承袭温麻船屯余绪，创造"八槽舰"，把船舱分隔为8个舱，即类似"水密隔舱"结构，提高了船舶的抗沉性，对后世的造船工艺产生了重大影响。自此，中国福建沿海地区就掌握了制造水密隔舱船舶这一项传统手工技艺，并不断继承发展下去（图9-1）。如今福建省宁德市蕉城区漳湾

图9-1 宋元福船模型 国家海洋博物馆藏

> **知识小档案**
>
> 马可·波罗，世界著名的旅行家、商人。1254年生于意大利威尼斯一个商人家庭，也是旅行世家。马可·波罗17岁时跟随父亲和叔叔途径中东，历时4年多来到中国，在中国游历了17年。回国后出了一本《马可·波罗游记》（又名《马可·波罗行纪》《东方闻见录》），记述了他在东方最富有的国家——中国的见闻，激起了欧洲人对东方的热烈向往，对以后新航路的开辟产生了巨大的影响。同时，西方地理学家还根据书中的描述，绘制了早期的"世界地图"。

镇保留的水密隔舱福船制造技艺就源于古代人的造船技艺。2010年11月，"中国水密隔舱福船制造技艺"入选联合国教科文组织公布的《急需保护的非物质文化遗产名录》。

《马可·波罗游记》描述中国南方海船的船壳是多层板结构，还有水密隔舱13个，"若干最大船舶有内舱到十三所，互以厚板隔之，其用在防海险，如船体触礁或触饿鲸而海水渗入之事"。元世祖至元二十八年（1291年）冬，马可·波罗奉元帝忽必烈之命，护送阔阔真公主去伊利汗国与国王阿鲁浑汗完婚，其所率的"十四艘船"是泉州所造，从剌桐港启航，经苏门答腊、印度等地到达波斯。要知道《马可·波罗游记》这本书可是中世纪西方认识东方、认识中国影响最大的历史文献，但"多层甲板""十三个（水密）船舱"等词连中国的历史文献也找不到记载，所以西方也几乎无人相

图9-2 水密隔舱模型

信。直到1974年泉州湾宋代海船出土，人们才大吃一惊：船壳板真是三层！水密隔舱果然是13个（图9-2）！

考古中的水密隔舱

虽然福建的水密隔舱一直流传至今，文献中也能找到一些水密隔舱的影子，但古代水密隔舱船的真实面目一直隐藏在迷雾中。终于，在考古学家的不懈努力下，发现了众多沉船。1974年泉州湾后渚港发现了一艘有13个水密隔舱的宋代海船，1976年韩国新安海域发现了8个舱的元代沉船。随后，舱数不等的唐、宋元、明代沉船也纷纷在海中现身，使水密隔舱这项重要技术的真实面貌大白于天下。

其中1974年泉州后渚港发掘的宋代沉船轰动世界。该船12个隔舱板是用十来厘米厚的杉木榫接而成的，以铁钉和樟木制成的"肋骨"与船身紧密连接。巧妙的是，为了使船体更加致密坚固，船前部的"肋骨"装在隔舱板之后，后部"肋骨"装在隔舱板之前，与现代船舶角钢排布有着异曲同工之妙，根据不同的位置和功用，连钉子都有三角形、圆形、梭形、带钉帽钉等多种形状。船内一切缝隙均用麻丝竹茹、桐灰等做成的捻料封涂密封，却又在隔舱板下部留有小巧的过水眼，这是因为船头乘风破浪，最容易被泼进水，空仓的时候，连贯的过水眼可以让海水汇集于最低舱，保持船的平衡及便于戽（hù）水排干，若船遭到破坏时，只要迅速堵住过水眼就可防扩散。

此外泉州宋代沉船也是尖底福船的代表，其高超的远洋能力也得到了解答。船形扁阔短肥，有着较小的长宽比，这样的结构除了便于提高稳定性和强度，增大船舱容积外，还有利于增大风帆面积以提高船速，而平缓的斜剖线与吃水较深的尖底相配合，能更好地抵抗强烈的横向风浪。除了主要船体，一些散落的"零件"也内有乾坤。

泉州考古出土的宋代沉船以其完善成熟的"水密隔舱""船尾升降舵""龙骨装置"等以及"水时计""量天尺"等船舶技术和航海技

术均用不容辩驳的事实证明了中国创造出对人类航海史发展产生重大影响的发明。也正是这些先进的造船术、航海术的出现，开辟了连接欧亚的远洋商路，密集了东西方文明交流的机会。1983年6月，泉州宋代海船复原模型作为重要展品在美国芝加哥科学工业博物馆举行的"中国：七千年的探索"展览会展出后，6月5日《芝加哥论坛报》发表评论文章称"中国人对世界发展做出了巨大贡献"。

今天，泉州后渚宋代三樯沉船静静地躺在博物馆中，800年过去了，它已经不再是海洋的"征服者"，而是一本活着的教科书，它将水密隔舱的秘密展示得淋漓尽致。它被英国科学家李约瑟赞叹为"中国自然科学史上最重要的发现之一"。

有关"水密舱壁"的古船实物，比泉州宋代沉船更早的例证就是江苏发现的两艘唐代的古船拥有"水密舱壁"的型制。其中一艘是1973年6月在江苏如皋发现的唐代木船。该船长约18米，分成9个船舱，两舱之间设有水密舱壁。最长的船舱有2.86米，最短的为0.96米。船的两舷和隔舱板均用铁钉上下交叉，重叠钉合，这种钉合方式称为"人字缝"。木板缝隙中填有石灰桐油的混合物，取得严密坚固的效果，增加了船舱的水密性。可见最迟到唐代，中国造船中已经形成成熟的水密舱壁技术。无独有偶，1960年，江苏扬州施桥发现一艘唐宋时期的5舱木船，除了在木板之间用油灰填缝外，木料上原本有节疤和裂痕处，还用小块木片补塞。

解密水密隔舱

水密隔舱是福船建造过程中最重要的部分，即用隔舱板把船舱分隔成若干个各自独立透水的舱区。就一个单独的水密隔舱而言，它由隔舱板、船壳板、水底板和船甲板围成，构成一个相对独立的空间。隔舱板一般设置在船壳板弯曲的拐点处，用以支撑船壳板，具有安全性强、方便装载、坚固耐用的特点。就整艘船而言，船越大，隔舱越多，载客为主的船舶比货船拥有更多的水密隔舱。

水密隔舱福船是福建沿海一带尖底海船的统称（图9-3），其船一平如衡，下侧如刀，底尖上阔，首尖尾宽两头翘。造船工匠采用榫接、舱缝等技艺，制成由多个相互独立、密不透水的隔舱牢固榫接而成的海船。如果在航行中有一两个船舱破损进水，船只也不至于沉没，只要对破损进水的隔舱进行修复堵漏，就可以保证继续航行。水密隔舱福船把舵设计在船尾的正中位置，并且固定在支撑点上，便于操纵，根据水的深浅升或降，根据航向灵活转动，保证船舶的适航性。

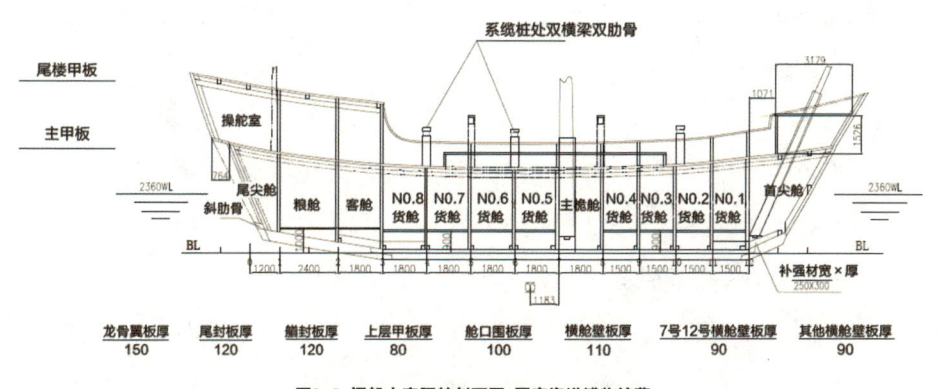

图9-3 福船水密隔舱剖面图 国家海洋博物馆藏

船舶的主要功能是运载货物，在有水密隔舱的船舶上，货物可以分舱储放，便于装卸与管理，遇到海损事故也能尽量减少损失。由于水密隔舱福船舶被隔舱板层层隔断，厚实的隔舱板与船壳板紧密钉合，因此隔舱板实际上还起到船肋骨的作用。隔舱板取代船肋骨，简化工艺，船的整体抗沉能力也更强。

水密隔舱福船有其独特的制造流程。首先是用料，水密隔舱福船选择松木、樟木、杉木、槐木、枫木等轻便、耐水、坚固的木材，辅助材料有船钉、桐油灰、竹丝、竹篷、布帆、油漆等。造船的具体流程依次为：安竖龙骨→钉"平底"→配搭肋骨→定出梁座（隔舱底座）→上"走马"（舷板）→装其余舷板→压橄、安上波、压固→安装其余部件→搭房→油灰工打缝（称"做灰"）→图画→下水。一艘完整的水密隔舱福船只有经历这些工序才算正式大功告成，只待择日下水！

正是因为古代中国一直有着包括水密隔舱在内的先进的造船技术和航海技术，从而长期保证古代中国一直是发达的航海大国，长期处于海外贸易的中心地位。一些西方的学者认为，中国人发明了水密舱壁技术，其源自中国人对竹子的观察，因为竹子每一节的中间都有一个隔断——横隔膜，其中一个美国的科技史学者就说："建造船底舱壁的想法是很自然的，中国人是从观察竹竿的结构获得这个灵感的，竹竿节的横隔膜把竹子分隔成好多节空竹筒。由于欧洲没有竹子，因此欧洲人没有这方面的灵感。"这一说法也得到了很多老外的认可。水密舱壁的产生过程与竹子的横隔膜到底有多少联系，读者们可以发表自己的独到见解，但"水密舱壁"是中国人自己的一种发明创造，这是不可否认的。而这种水密隔舱技术直到18世纪西方人才掌握。通过对比，大家可以知道，至少在公元8世纪，泉州已拥有领先世界的"水密隔舱"造船术，而西方船只直到18世纪才有水密隔舱。也就是说，泉州造船业的水密隔舱技术领先西方1000多年，且至今仍对世界造船与航运业产生巨大的影响。可以说，如果没有中国先进的船舶制造和航海技术，或许就不会出现哥伦布、达·伽马、麦哲伦的航行，不会有地理大发现，不会有环球旅行，更不会出现今日的全球化。

水密舱壁这项被中国人使用了上千年的技术到了18世纪的时候才逐渐被欧洲人所效仿，后来逐渐成为各国造船业通行的技术。西方的学者经研究认为，水密舱壁技术在中国发明和广泛使用已经上千年，欧洲才有人仿效中国的做法，时间大约在18世纪末到19世纪。用横向舱壁来分隔货舱的做法，科学技术史泰斗李约瑟写道："我们知道，在19世纪早期，欧洲造船业采用这种水密舱壁是充分意识到中国这种先行的实践的。"欧洲人中最先设计船舶水密分舱的是英国海军总工程师塞缪尔爵士。1795年，英国海军总工程师塞缪尔·本瑟姆受英国皇家海军委托，首次引进中国水密隔舱技术建造6艘新型船只。他在论文中说道，他所造的船"有增加强度的隔板，它们可以保护船只，免得进水而沉没，正像现今中国人做的一样"。本瑟姆夫人后来为丈夫所写的传记中指出，本瑟姆将军所造的船就是仿制古代中国的水密隔舱船。正是塞缪尔·本瑟姆设计并建造了这一在当时欧洲非常新性的航海船，后来这项技术也成就了英国的"日不落帝国"称号。

十、世界最轻的衣服——素纱襌衣

唐代大诗人白居易在《缭绫》中写道:"应似天台山上明月前,四十五尺瀑布泉。中有文章又奇绝,地铺白烟花簇雪。"在历史上很长一段时间里,人们一直以为诗中有关飘渺如雾般轻盈、晶莹如水般剔透的缭绫的描写,不过是诗人白居易夸张的艺术手法。直到湖南马王堆汉墓的考古发掘,墓中大量丝织品,特别是两件素纱襌(襌音 dān)衣的出土,证实了诗人的描写并非凭想象夸张而作,而是据实物形象化的描写。

1971年12月底的一天,长沙366医院挖防空洞的民工发现,原来的红色网格土忽然变成另一种非常疏松的土壤,拔钢筋时带出一股气体,与点烟的火柴相遇而点燃。由此,马王堆三座汉墓展露在世人面前。1972年1月16日,考古工作者首先发掘了马王堆汉墓一号墓。经过近三个月的挖掘,墓坑中一副巨大的棺椁终于显现出来,随着外层木椁的椁盖被掀开,木椁中央的木棺则显现出来,木棺四周摆放着大量的随葬品的边箱子,其中包括直裾素纱襌衣。随着墓葬的发掘,墓主人的身份证实为西汉初期长沙国丞相利苍夫人辛追(图10-1)。

图10-1 辛追复原蜡像 湖南省博物馆藏

辛追墓出土的这件西汉直裾素纱襌衣为上衣下裳连缀的深衣样式(图10-2),交领、右衽、直裾,类似汉时流行的上下衣裳相连的深衣,而袖口较宽。除

十、世界最轻的衣服——素纱襌衣

> **知识小档案**
>
> 辛追（公元前217～公元前168年），长沙国丞相利苍的妻子，她的儿子利豨。辛追是1972年长沙马王堆汉墓一号的墓主。辛追墓位于长沙市东郊浏阳河旁的马王堆。辛追遗体形体完整，全身润泽，皮肤覆盖完整，毛发尚在，指、趾纹路清晰，肌肉尚有弹性，部分关节可以活动，是世界上保存最好的湿尸。

衣领和袖口边缘用织锦做装饰外，整件衣服以素纱为面料，几何纹绒圈锦为缘饰，其方孔纱的织物孔眼均匀，布满整个织物表面，织物密度稀疏，经线密度为每厘米58根，纬线密度为每厘米40根，因此素纱孔眼大，透光面积在75%以上，每平方米织物仅重12克，质地轻柔透亮。没有衬里，没有颜色，故出土遣册称为素纱襌衣。它由精缫的蚕丝织造，以单经单纬丝交织的方孔平纹织成，丝缕极细，轻盈精湛，

图10-2 素纱襌衣 湖南省博物馆藏

孔眼均匀清晰。西汉直裾素纱襌衣衣长128厘米，通袖长195厘米，袖口宽29厘米，腰宽48厘米，下摆宽49厘米，共用料约2.6平方米。通身重量仅49克，不足一两。除去袖口和领口部分，其余重25克左右。可谓轻若烟雾，薄如蝉翼。

素纱是秦汉时期做夏服和衬衣的一种非常流行的衣料，它是指一种单色、纤细、稀疏、方孔、轻盈的平纹织物，是最为轻薄的织物。利用较为纤细的纱线织造出的平纹织物因其经纬密度较小，故两纱线之间间隔较大，整体呈现出稀疏通风、轻薄飘逸的风格，周代即已广泛运用。西汉直裾素纱襌衣色彩鲜艳，纹饰绚丽，其高超的制作技艺代表了西汉初期养蚕、缫丝、织造工艺的最高水平，是世界上现存年代最早、保存最完整、制作工艺最精、最轻薄的一件衣服，在中国古代丝织史、服饰史和科技发展史上有着极为重要的地位。2002年被国家文物局列入《首批禁止出国（境）展览文物目录》，国家一级文物，现藏于湖南省博物馆。

西汉直裾素纱襌衣制作技艺

纱，是我国古代丝绸中出现得最早的一种，它是由单经单纬丝交织而成的一种方孔平纹织物（图10-3、图10-4），其经密度一般每厘米为58～64根，纬密度每厘米为40～50根纱。密度稀疏，孔眼充满织物的表面，因而质地轻薄，古人形容"轻纱薄如空""举之若无"，一点都不夸张。上乘的纱料，以蚕丝纤度匀细见长。素纱襌衣每平方米纱料仅重15.4克，并非因其织物的孔眼大，空隙多，而是纱料的旦数小，丝纤度细。丝织学上对织物的蚕丝纤度有一个专用计量单位，叫旦（全称旦尼儿），每9000米长的单丝重一克，就是一旦。旦数越小，则丝纤度越细。经测定，素纱襌衣的蚕丝纤度只有10.2～11.3旦，而现在生产的高级丝织物还有14旦，足见汉代缫纺蚕丝技术的高度发展。

图10-3 蚕丝 　　　　　　　　　　　　　　　图10-4 纹理结构

纱的织法是以一组地经和绞经共同完成，在织造时绞经在地经左右摆动，每织入一根纬线，绞经都需要变换一次位置。织成的织物，其经纬线之间有绞结点，使纬线不易产生滑动，而且有比较均匀一致的孔眼。因其独特织造工艺具有轻盈透气的特质，自古以来纱、罗织物即是上层社会消夏名贵衣料。纺织专家研究此件襌衣的组织结构为平纹交织，其透空率一般为75%左右。制织素纱所用原料的纤度较细，表明当时的蚕桑丝品种和生丝品质都很好，缫丝织造技术也已发展到相当高的水平。西汉直裾素纱襌衣织造所用的四组经丝，为两组地纹经、一组底经及一组较粗的绒圈经，在织造时圈绒经起环状绒圈，再织入起绒纬，织好后再将其抽去使被织的绒圈经形成环状。组织结构如此复杂的起毛锦，也是汉代织造技艺高度发达的标志。

传奇的仿制历程

自1972年在长沙市马王堆汉墓发掘出土，素纱襌衣的仿制就一直是现代纺织业的难题。多年以前，国内多家机构都曾尝试仿制，但最后的结果都是仿制品远远超过真品重量。而真品因为长期展出，光线、空气对其造成很大的损害，这让仿制素纱襌衣迫在眉睫。2017年，南京云锦研究所在竞争激烈的湖南省博物馆（简称"湘博"）仿制素纱襌衣等文物的投标中胜出，团队仿制素纱襌衣的故事就此拉开序幕，只是这一过程有点漫长，前后耗费了13年时间。

南京云锦研究所最初复制的素纱襌衣出来后，成品重量却超过了80克。经研究，专家们发现，超重的原因在于蚕丝的重量，如今的蚕相较于古代要肥大许多，吐出的丝也更粗、更重，自然就增加了所织衣物的重量。现在的"蚕宝宝"是四眠蚕，就是蚕在幼虫期4次停止食桑就眠蜕皮所形成的蚕茧，这种蚕茧比古代的蚕茧要粗很多。相反不同于现代采用家养四眠蚕作为主要的蚕丝来源，西汉时期采用的是"三俯三起"的一化性三眠蚕为主要饲养对象。"俯"与"起"指的都是蚕休眠与蜕皮的活动，"三俯三起"即为经历三次休眠与蜕皮的三眠蚕。三眠蚕自蚕子发蚁后三眠三起，大约经历二十一一二天便可结茧缫丝。这样的蚕相对现代所用的四眠蚕所吐出的蚕丝显得更加纤细，蚕茧也小，织造出来的织物也更加纤细轻薄（图10-5）。

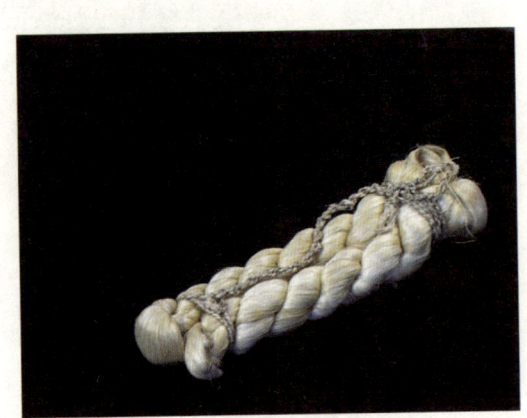

图10-5 民国丝 中国丝绸博物馆藏

早在2016年，南京云锦研究所的专家就开始联系江浙沪的缫丝厂，让他们专门提供三眠蚕或比较瘦弱的病蚕，这就像寻找蚕中发育不良的"早产儿"一样。为了仿制素纱襌衣，团队用了高于常规蚕丝5倍的价格，专门收购"老弱病蚕"。同时又研究出了一种特殊食料，以控制蚕的重量，从而获得采用"减肥"后的蚕丝。然后经过团队专门设计和调试为素纱襌衣定制织造机，以及一系列的仿制品后期的染色、裁剪和成衣等复杂过程，终于织成了一件重49.5克的仿真素纱襌衣，与真品无限接近。据复仿专家感慨道："那位做素纱襌衣的古人真是太伟大了,我们花了差不多一年的时间来纺织蚕丝,现在还可以依靠一些先进的仪器,还有老花镜可以看清丝线,而古代人却几乎纯依靠手感,让丝线均匀伏贴,这太不可思议了。"

十一、骑兵的秘密武器——马镫

在古代诸多器物发明之中，没有哪一件器物能像马镫一样，看上去不起眼，但却被认为对古代社会进步意义很大的技术发明。中国马镫的发明和应用，在人类发展史上堪称具有划时代的意义。有人甚至认为马镫是中国贡献给世界的"第五大发明"。一个多世纪以来，中西方史学界对马镫在中世纪军事变革中的作用给予了高度重视。英国科技史学家怀特就曾评价道："很少有发明像马镫那样简单，而又很少有发明具有如此重大的历史意义。马镫把畜力应用在短兵相接之中，让骑兵与马结为一体。"在西方人眼中，为世界带来深刻改变的中国发明实

图11-1 马镫 伦勃朗·梵·莱茵绘《波兰骑马者》

为两样：第一是火药，第二就是马镫。马镫的出现对欧洲中世纪的历史产生了深远影响。公元4世纪，双马镫的出现使马匹的骑乘变得稳定，改变了整个世界骑兵史。双马镫传入欧洲后，推动了骑士时代的到来（图11-1）。

对于马镫的起源和发明，20世纪前半叶，英国学者李约瑟在其《中国科技史》中提出"中国人是世界上最早发明马镫的民族"的说法。有人根据西汉骑兵已经取代步兵成为战斗主力，且曾屡次长途奔袭、穿插到匈奴后方等记载，推断马镫作为"对骑兵至关重要的发明，在两汉时代应该是已经被普遍应用了"。事实上并非如此，考古资料表明秦汉时期马镫并没有广泛应用于骑兵。如秦始皇兵马俑坑中出土过大量的陶马，这些陶马身上有各式各样的马具，但并不见马镫。70多年来，全国各地的考古发掘出土了不少陶马和骑马俑

（图11-2）。这些陶马和骑马俑的造型生动逼真，其中一些装备有乘具，可以清楚地看到马背上有鞍鞯，却同样不见马镫。山东沂南汉画像石墓中有一幅反映马夫在马厩中喂马的石刻画像，马厩中挂着鞍鞯、革鞦、络头、革带和装饰用的缨络等马具，唯独没有马镫。从出土的同时期的马具实物看，也往往只见衔镳、鞦、勒等而单单缺少马镫。

图11-2 汉陶马

一般认为，东汉末年到三国时期，游牧民族鲜卑、乌桓等向南迁移散布于中原各地，马匹随之大量输入内地，很可能刺激了原本不擅骑乘术的中原人对骑马的需求，马镫或许是在该历史背景下出现的（图11-3）。南京象山东晋琅琊王氏家族墓群就出土的一件在鞍下两侧都装饰一个泥塑的近三角形镫的陶马，该墓葬的年代为东晋永昌元年（322年）或稍后；二是新疆阿斯塔纳十六国时期墓出土木马右车鞍下挂一个近圆形镫环的马镫；三是陕西咸阳十六国墓出土的多例挂马镫的陶马。到目前为止，河南安阳孝民屯154号晋墓出土的单只马镫和1965年发掘于辽宁北票西官营子北燕冯素弗墓的双只马镫是所见年代最早的马镫实物（图11-4）。冯素弗是北燕王冯跋的弟弟，这是一座时代明确的北燕墓葬，墓中出土了一副马镫，形状近似三角形，角部浑圆，在木芯外面包镶着鎏金的铜片。考古材料作为形象化的信史生动地表明真正意义的马镫，应该最早出现于公元2~5世纪间的三国两晋时期。

马镫大致在三国两晋时期出现在文献中也能得到证实。传世文献《世说新语·规箴》中记载："谢中郎在寿春败，临奔走，犹求玉帖镫。"谢中郎即谢万，东晋名相谢安之弟。此句批评谢万于兵败逃亡之际，临上马时还奢求用上嵌了玉的马镫。此外南朝梁萧子显的《南齐书》也记载齐武帝责备其子萧子卿过度奢侈之语曰："纯银乘具乃复可尔，何以作镫亦是银？"语中"乘具"与"镫"并提，可知"镫"应指作为马具的"马镫"。以上记述歌咏都出自南北朝乃至以后的文献，其中所述及的史实最早涉及马镫的，是东晋中期谢万兵败之

图11-3 长沙西晋墓骑马俑 湖南省博物馆藏

图11-4 冯素弗墓马镫 辽宁省博物馆藏

知识小档案

冯素弗（？～415年），长乐信都（今河北省冀州市）人，北燕宗室大臣、政治家。文成帝冯跋之弟，昭成帝冯弘之兄。少有大志，姿貌魁伟，雄杰不群。任侠放荡，不拘小节。初为京兆尹，出镇营丘，封范阳公，百姓歌颂。拜侍中、车骑大将军、录尚书事，成为宰辅。谦虚恭慎，非礼不动。虽厮养之贱，皆与之抗礼。车服屋宇，务于俭约，修己率下，百僚忌惮。迁大司马，封辽西公，治理北燕，居功厥伟，时称有宰衡之度。太平七年（公元415年）去世，葬于昌黎龙城长谷（今北票市西官营镇）。

事，而汉代及以前的文献却未能留下有关马镫的记载和用例。因此，"镫"字在文献运用中的上述事实，也正好说明马镫的出现应该是在两汉之后的事。

金属双镫的出现无疑是马镫变革性的发明，它使骑兵的双脚有了强劲的支撑点，骑兵的双手不用再一直薅（hāo）着缰绳来驾驭战马，双腿终于不用再像以往那样紧紧夹住马肚子来保持身体稳定。上马时，骑者可以脚踏一侧马镫跨上马背。骑行时，双脚穿过马镫，起到帮助稳定身体的作用。疾驰时，骑者以马镫为主要支撑点，站在马镫上，上身前倾，人马结合更加紧密，使骑手的双手更加自由，并能在马背上进行左右方向的动作。这样，骑兵们就可以在飞驰的战马上做各种复杂的高难度动作（图11-5）。尤其可以在披挂重甲、使用大型武器的情况下，肆意在马背上做左右多方向、多角度大幅度摆动，完成左劈右砍或躲闪等复杂的格斗而不用减速或担心掉下来，而这在以往是不可想象的。

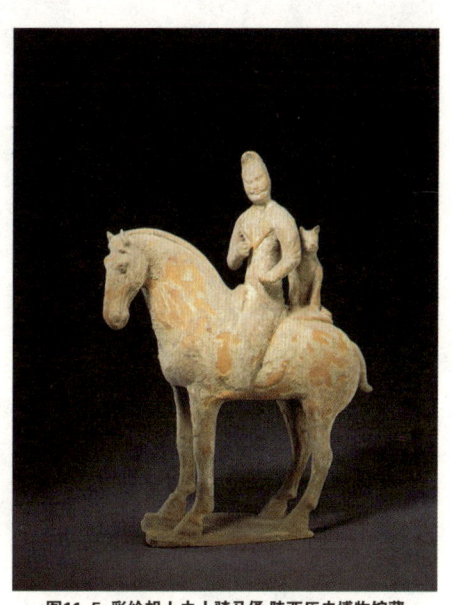

图11-5 彩绘胡人力士骑马俑 陕西历史博物馆藏

对于骑兵来说，解放的双手，更适宜操作弓弩、马刀，无论骑射还是突袭都更具威力（图11-6）。同时，马镫的出现大幅减少了骑手的疲惫感，减少了骑手休息时间，使得骑兵更适合长途奔袭。马镫的发明，让骑兵可以分出更多的精力关注敌人，自己武器的使用效率能够得到提高。骑兵能看得更远，更好地观察战场的全局态势，携带更多作用不同的武器，使用更加复杂的骑兵战术。马镫的发明对一名成

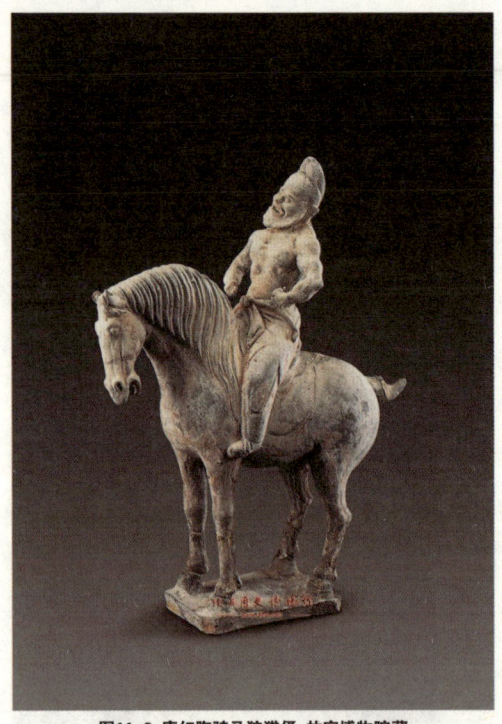

图11-6 唐红陶骑马狩猎俑 故宫博物院藏

图11-7 三彩绞釉陶狩猎骑马俑 中国国家博物馆藏

熟的骑手来说，解放他80%的精力和体力，对骑兵的作战效率是质的提升。可以说，马镫为冷兵器军事带来了彻底的变革，尤其是金属双镫出现以后，世界各国都开始发展成规模建制的骑兵部队，并逐渐成为冷兵器时代真正的霸主。

伴随马镫的出现，中国马具也日趋复杂，骑乘者的腿脚和马腹部接触面积却越来越小（图11-7）。同时马镫的使用，很快就由中原传到今天的朝鲜半岛，在考古出土的公元5世纪的朝鲜古墓中就已有了马镫的绘画；同时通过突厥等草原游牧民族向西传播。6世纪末至7世纪初，萨珊波斯人从突厥人那里引入了马镫，并于7世纪初将这一技术传给阿拉伯人。在7世纪早期，阿瓦尔人把马镫带向东欧和拜占庭，并逐渐继续向北欧、西欧等地传播。欧洲出土的马镫中年代最早的来自公元6世纪的匈牙利阿瓦尔人的墓葬，以窄踏板直柄金属马镫为主。阿瓦尔人是来自蒙古高原的柔然人的后代，柔然人当初曾经是大漠霸主，突厥人那时是他们的锻奴。但后来柔然人先是于宋文帝元嘉六年（公元429年）遭到北魏国主拓跋焘御驾亲征的毁灭性打击，后来又被起而造反的突厥人彻底打垮，其余部于6世纪沿欧亚草原之路西迁到匈牙利定居。因此，有些西方考古学者认为是柔然人从中国北方把马镫传播到欧洲，并认为阿瓦尔人的马镫就是中国传统的直柄横穿金属马镫，或者有中国工匠直接为阿瓦尔人制作马镫，马镫之所以被称为"中国靴子"，原因就在于此。

总之，马镫的出现在军事史上具有革命性的意义。它使马和骑者更紧密地结合在一起，使骑士在战斗中能更大地发挥武器效能，因而进一步促进了重骑兵的发展。因此这是一件看似微小但历史意义巨大的发明。

十二、简牍中的计数术——九九乘法口诀

2017年报道了一则新闻，英国为提高小学数学水平，小学数学教育向中国取经，引进上海教师、教学法和教材。其中就要针对英国学生不善于乘法，缺乏流利计算能力，有针对性地引进中国的九九乘法口诀的背诵。中国的九九乘法口诀历史悠久（图12-1），据魏晋时期刘徽《九章算术》中记载，上古时期的传说人物伏羲氏根据八卦，作九九之合爻之变，说明九九乘法表的起源相当早。事实上，今天中国的每一位小学生都接触、学习过九九乘法口诀，并通过其熟练地掌握乘除的基本运算。

```
1×1=1
1×2=2  2×2=4
1×3=3  2×3=6   3×3=9
1×4=4  2×4=8   3×4=12  4×4=16
1×5=5  2×5=10  3×5=15  4×5=20  5×5=25
1×6=6  2×6=12  3×6=18  4×6=24  5×6=30  6×6=36
1×7=7  2×7=14  3×7=21  4×7=28  5×7=35  6×7=42  7×7=49
1×8=8  2×8=16  3×8=24  4×8=32  5×8=40  6×8=48  7×8=56  8×8=64
1×9=9  2×9=18  3×9=27  4×9=36  5×9=45  6×9=54  7×9=63  8×9=72  9×9=81
```

图12-1 九九乘法表

历代考古发现出土的古代文物中，也有不少文物涉及九九乘法口诀，表明它的历史悠久。2002年6月，在位于湖南省湘西地区龙山县里耶古城的一眼古井中发现了36000余枚秦代竹简，这就是著名的里耶秦简。一时间，报纸上迅速地以诸如"改写秦史""二十一世纪最重大发现"等赞誉之词予以报道。作为秦代考古的又一重大发现，从某种意义上说，里耶秦简对于秦史研究的重要性不亚于甲骨文对于商史研究的意义，它将从根本上改变秦史研究的面貌。

十二、简牍中的计数术——九九乘法口诀

> **知识小档案**
>
> 里耶战国秦代古城遗址位于湘西土家族苗族自治州龙山县，里耶秦代简牍包括里耶古城遗址一号井出土的38000余枚和2005年12月出土于北护城壕十一号坑中的五十一简牍。里耶秦简内容丰富，涵括户口、土地开垦、物产、田租赋税、劳役徭役、仓储钱粮、兵甲物资、道路里程、邮驿津渡管理、奴隶买卖、刑徒管理、祭祀先农以及教育、医药等相关政令和文书，公文中的朔日干支是研究秦汉时期历法的重要依据，数量众多，内容详备的公文形式，为研究秦汉公文制度打开了新的窗口。

　　有意思的是，里耶秦简里还发现了我国最早的乘法口诀表（图12-2）。一枚木牍上的数字排列很有规律，每个竖行的数字连起来就是一个乘法运算，比如"四八三十二、五八四十、六八四十八"等。很显然这是2000多年前，秦朝人使用的乘法口诀。竹简上列出的这些乘法口诀与今天我们使用的乘法口诀如出一辙，只是略有不同。秦朝人的乘法口诀是从九九八十一开始的，而结尾不是一一得一，而是二半得一，半就是指二分之一，这已经是分数的运算了。更为奇特的是，每个关于"八"的乘法运算排列也很规则，它们排成一个横行，乘以八的数字从右到左依次递减。

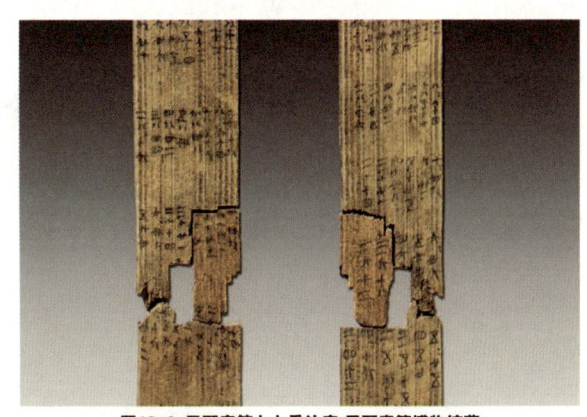

图12-2 里耶秦简九九乘法表 里耶秦简博物馆藏

　　如果说秦代已经出现了乘法口诀表，那么这种数学运算方式在当时是否已经普及了呢？汉代的文物会给我们答案。首先，在台湾历史文物陈列馆的居延汉简展区，有一枚记载九九乘法表的残简（简号：75.19）利用红外线仪器将简上文字识别出以下内容：

九 二八十一　　四九卅六　　八 二六十四　二八十六

八九七十二　　三九二七四　　七八五十六

七九六十三　　二九十八　　　六八卌八

六九五十四　　五八卌十

五九卅十五　　四八卅二　　　陽

三八廿十四

不要怀疑你眼前所看到的，没错，这就是汉代的"九九乘法表"。只是同湖南里耶秦简中的九九乘法简牍一样，汉代人背诵的口诀也是从最大的九开始："九九八十一、八九七十二、七九六十三……"，第一句始于"九九八十一"，然后第一个数字（被乘数）递减，依次类推。现在背诵的口诀则是数字由小到大，第二个数字（乘数）递增，与汉代完全相反。居延汉简发现的乘法口诀简牍的现象并不是孤例，考古专家在湖南张家界古人堤汉代遗址出土的东汉简牍上也发现汉代九九乘法表，与现今生活中使用的乘法口诀表有着惊人的一致，只是其表述和居延汉简出土的简牍一样，也是从数字最大的"九"开始，十分清晰地表明汉代九九乘法口诀的成熟和定型。

中国数学史研究先驱钱宝琮（1892～1974年）认为："唐以前乘法表列自'九九八十一'起，至一一如一止，凡三十六句。与宋元以后乘法表次序，适相颠倒。"可见大约从宋代开始才转变成现在的口诀顺序。

除秦汉简牍中存在九九乘法口诀之外，1981年从深圳红花园汉墓出土的东汉"九九乘法口诀"陶砖（图12-3），证明"九九乘法口诀"在东汉时期就已经被广泛使用。该砖呈长方形，长37厘米，宽17厘米，厚4厘米，青灰色，砖体坚硬。砖面拍印菱形网格纹，另三分之一砖面竖刻九九乘法口诀文字两行，第一行右起空半行，刻文为"三九二十七，二九十八，四九三十六"，第二行为"九九八十一，八九七十二，七九六十三，六九五十四，五九四十五"。

十二、简牍中的计数术——九九乘法口诀

字是砖坯未干时所刻,书体为汉隶,笔画清晰。

除了里耶秦简外,与湖南张家界古人堤遗址发现的这枚简牍样式基本一致的"九九乘法表"还曾在楼兰文书中见到过,为瑞典探险家斯文·赫定在20世纪初期发掘的写在两张残纸上的九九乘法表。在内容上包罗万象,号称为我国古代社会生活的"百科全书"——"敦煌遗书"中也发现最早的纸质算学史料,包括数学、教育、历史等多方面内容,对了解中国古代社会具有重要的意义。由于众所周知的原因,这些文献目前散藏于世界各地。英国藏有《算经(均田法第一)》《算经》《九九歌诀》《九九乘法歌诀》《失名算经》《园地计簿》等10件残卷。法国藏有《算书》《九九口诀》《算经一卷并序》《乘法九九表》等6个残卷。俄罗斯、日本等国也有算经文献的收藏,北京图书馆也有一件《九九乘法》藏书。这些残卷算经从其保存下来的内容看,包括记数、识数、进位制、度量衡制、多位数相乘、平方、加减乘除法运算、圆形、三角形等面积计算,还有民食、军需的宏观计算,军事编制和防御设施的计算等,是敦煌科技类文献中最珍贵的文献之一,内容涉及数学、教育、哲学、物理、经济、政治、军事、文化、社会等各个领域。

从秦代里耶秦简到敦煌文化等诸多文物事实表明,中国人早就熟练掌握乘法交换律并运用在生活中。这些秦汉简牍等资料是我国乘法口诀表最早的实物证明,印证了文献中所记载的春秋战国时乘法和乘

图12-3 东汉"九九乘法口诀"刻文陶砖 深圳博物馆藏

法口诀表已被普遍运用。如果它是一本数学书的一页，意义将更为重大，因为目前被认为是中国最早的数学专著——湖北江陵张家山汉墓的《算术书》成书年代为西汉文景时期，而且也直接证明了，中国早在秦代以前就已经普及基本的数学教育了。

> **知识小档案**
>
> 《算术书》是迄今为止所知道的中国传统数学最古老的著作。1983年12月～1984年1月，在湖北江陵（今荆州市荆州区）张家山247号汉墓（公元前187～公元前157年）中出土了一批数学竹简，约有200支完好（185支完整，10余支已残破，但编痕犹存），共计约7000多字。经考证，《算术书》约成书于公元前2世纪或更早时间，比此前一直被公认中国最早的数学著作《周髀算经》（李君卿著）和《九章算术》还要早一个世纪左右。2008年《算术书》入选《国家珍贵古籍名录》，现藏于荆州市博物馆。

九九乘法的口诀早在战国时期就已经出现了，从目前所发现最早的例子有出自湖南里耶的秦简，此外在汉代边塞的敦煌及居延等地的汉简（图12-4），以及传统认为南方边地的深圳都有发现。在汉代边境地区出土这么多九九术简，说明其传流和使用都非常广泛并十分普及。秦汉时期九九乘法口诀的流行除人们日常生活需要之外，还有一个重要的因素："为了升官。"

中国台湾学者丁瑞茂认为汉代对于边塞基层的官吏候长、燧长的考课标准（按一定的标准对官吏进行考核，以决定其升降赏罚）是要："能

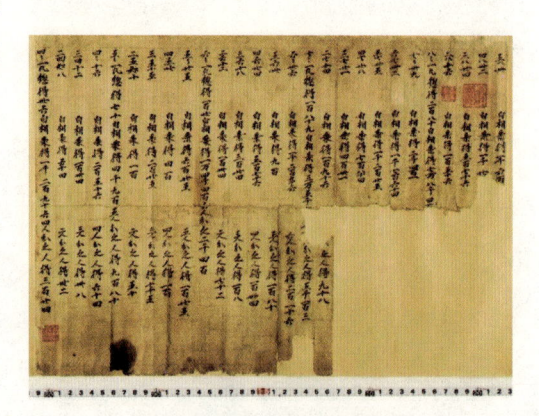

图12-4 敦煌算学文献编号羽037R

书"（能识字写字）、"会计"（懂得基本的算数）和"知律令"（了解基本的法令）。刚刚说过，秦汉时相当一部分的民众知识水平极低，入伍服役也是一般百姓识字和受教育的重要机会，这些能力在服兵役和劳役时可以逐渐学会。除了军事训练，他们有机会学习文字、数学和律法知识，在掌握了一定知识后，就掌握了晋升为班哨的燧长、候长的渠道。在制度的鼓励下，这些服役的兵丁便会努力学习，成果较好的自然可以获得晋升，就算成效较差，但也在无意间完成了知识的传播普及。

其实，乘法表在古代并非中国独有，古巴比伦的泥版书上也有乘法。最早的文明古国之一的古巴比伦算术有进位制，但采用60进位，也就是59*59，但考古学家并未发现。此外古希腊、古埃及、古印度、古罗马没有进位制，原则上需要无限大的乘法表，因此不可能有九九表，例如希腊乘法表必须列出7×8、70×8、700×8、700×8、7000×8……由于九九表基于十进位制，7×8=56、70×8=560、700×8=5600、7000×8=56000，只需7×8=56一项代表。

里耶秦简乘法口诀表的发现，改写了世界的数学发展史，同时汉字包括数目字单音节发声的特点，使之读起来朗朗上口，十分便于记忆，后来发展起来的珠算口诀也承继了这一特点，对运算速度的提高和算法的改进起到一定作用。相对于西方最早的乘法口诀表是在1600年前发现的，这就说明我们中华民族发明乘法口诀表比西方早了600多年，灿烂的中华文明再一次得到了有力的证明。今天九九乘法表作为小学数学的入门课程，虽说背诵起来颇为"艰难"，但这一口诀蕴含的古人智慧却一直绵延到现在，是中国对人类的一大贡献，所以有人认为是中国的第五大发明。

十三、一泉吐白玉，万里走黄金——采盐技术

盐是我们每天都离不开的朋友，是我们生活中的必需品，被称为"食肴之将"。盐能提供大量的钠，对人体来说，钠扮演着多种至关重要的角色，它能促进蛋白质和碳水化合物的代谢和神经脉冲的传播以及肌肉收缩，还能调节激素和细胞对氧气的消耗、控制尿量生成、口渴以及产生液体（血液、唾液、眼泪、汗液、胃液和胆汁）等。

正是盐的重要作用，在中国封建社会的各个历史朝代，但凡是中央政府需要掌握雄厚财力的，大都要实行盐铁官营和开展贸易事业。"一泉吐白玉，万里走黄金。"这是古代诗词中对井盐业的描述，人们把从井中汲取的盐称为"白玉"，认为其价值堪称"黄金"。西汉时期桑弘羊之所以主张盐铁官营即是这个道理。三国时期的蜀汉处于三国鼎立、三面临敌的局面下，为了克敌制胜就必须集中大量的财力于中央政府，故诸葛亮在治理蜀汉时，设置主管盐铁业的官员，实行盐铁官营。文献记载诸葛亮亲自指导盐铁业生产。《博物志》中就曾记载诸葛亮到临邛视察，改进制盐技术，制作出一根能导出火种的竹管，使蜀盐的产量提高了一倍，同时引井火煮盐，造福百姓。正因为诸葛亮对盐铁业的重视，甚至躬亲盐井煮盐，又利用古蜀盐道，将盐运往各地，降低盐价和赋税，永保蜀地千年繁荣，因而使蜀汉政府获盐铁之利不少。

诸葛亮治蜀，拥盐铁之利、还富于民的事迹在四川成都东汉墓中出土的盐井画像砖得到了真正的体现。四川多产井盐，分布广泛，以自贡市境内分布最多，其他地方也有分布（图13-1）。四川省的许多地名，譬如自贡市的"自流井区""贡井区"及凉山州"盐源县"、攀枝花市"盐边县"，均源自产盐的历史。制盐画像砖为我们生动再现了东汉时期生活在成都平原上的祖先们采卤煮盐的场景。古代四川地区盛产盐井，从秦代李冰任蜀守期间就开始创凿盐井，至两汉开始普及。

图13-1 四川盐井

井盐的生产,需先凿井取卤,而后设灶煎制。国家博物院收藏的一件出土于成都扬子山的画像砖(图13-2),就形象地再现了东汉时期蜀地的自然生态和井盐生产的繁忙景象。画面上群山耸立,植被繁茂,其间歇息着禽类和哺乳动物,还有猎人追射的场面。左下角盐井上高矗着井架,架分两层,每层各有二人正用滑车和吊桶汲卤;右下角放置一灶,下有四根管排列,灶上有五口大锅,灶前一人正烧火熬盐;井架和灶间架有枧筒,盐卤经枧筒至灶上的大锅内;山麓有两个运盐者背负盐包行进。此外四川邛崃花牌坊出土一块画像砖,是东汉时期的,纵36.5厘米,横46.8厘米。画像砖表现的是汉代四川井盐生产的汲卤熬制过

图13-2 盐场画像砖 中国国家博物馆藏

程。东汉时期的煮盐业有很大的发展，产盐区域分布很广，川滇地区以井盐生产为主。这块画像砖反映了东汉时期井盐开采和生产的全过程：首先是高架取卤，架上安置滑车和吊桶；架分两层，两层对立二人，以辘轳提取卤水。然后将井内的盐卤利用枧筒引流，经山溪流入盐缸内，最后放入盐锅熬煮，取卤和煮盐的两道工序是紧密相连的。

四川的画像砖中由于印模的雕刻手法不同，主要有两种类型，长方形砖的浮雕较高，立体感明显，少用线条；正方形砖的浮雕较浅，线面相间，线条对形象细部的勾勒和对动态的夸张，使画面有刚柔相济的意趣，是四川画像砖造型手法的典型面貌。这件作品粗看较为杂乱，但线与面的结合使画面的空间感在人物的采盐动作中显现出来，而人物强烈的动势又与远山形成对比，造成喧闹的气氛。另外，此作品以平面展开式构图，采用散点并列和部分重叠的方法，将不同的工序场面以间隔并列方式展示，使之组合在一个画面之中，在有限的空间里表现丰富的场景和内容。这种看起来十分随意，但实际上有着秩序、规律的构图方式是非常具有民族风情的。

有趣的是，面对同一画像内容，专家提出了不同的看法：有专家认为汉代四川临邛等地已开发利用天然气作为煮盐的燃料，在这块画像砖上，五口大锅并排置于灶上，在灶门处排列着四根管道，直通锅底，这些并排的管子，输送的就是天然气，置盐锅下供燃烧用于煮盐；另有专家认为，画面上表现的是柴灶，全无使用天然气的痕迹，四川地区天然的地理构造虽然蕴藏着丰富的天然气，但四川天然气的正式开发是在晋代，东汉末虽有可能已发现天然气露头，但并未在煮井盐时大规模使用。

盐是人类生活的必需品，被称为"食肴之将"，古时人们认为其价值堪比"黄金"。在古代中国，盐的开采和经营是富可敌国的暴利行业。在汉代，盐业是政府三大重要赋税之一，政府在主要产盐地区设立盐官，盐的种类主要有海盐、井盐、池盐和岩盐。海盐主要分布在自辽东至岭南的沿海地带，以齐鲁地区最为重要，有诗赋描写齐地的盐"皓皓乎如白雪之积，鄂鄂乎若景阿之崇"。池盐则以河东的安邑（今山西运城）最为著名，诗赋称"河东盐池，玉洁冰鲜"。岩盐主要集中在一些山区。而井盐则主要产于川滇地区，尤以蜀地井盐闻名全国，诗赋称当地"家有盐泉之井，户有桔柚之园"。可以想象，在四川一带，源源不断的井盐给当地人带来了巨额财富，难怪在他们眼里，盐井中吐出来的就是白玉，就是黄金。而四川的井盐不仅自我供给，还与其他地区多有贸易往来，是四川与外地贸易往来最早的商品之一，极大地促进了当时四川地区的经济发展。这几件小小的制盐画像砖不仅展现了千年盐都的华彩瞬间，同时也见证了"西蜀天下富，井盐天下丰"的场景。

需要补充的是，透过这一块块采盐画像砖中一座座采盐井架，我们还能清晰地看到古代凿井技术。事实上中国的钻井装置，比西方的同类型装置要早1600年，凿井技术更是比西方早了800年，沿用到今日，中国更是开凿出了世界上第一口产盐又产气的千米深井！正是有了汉代的第一口盐井，到中国海油钻井人在南海钻出的高温高压天然井。大厦并非一日落成，是一代代中国匠人深耕细作，才有今日之成就。今天我们透过它，将窥见一部缓缓打开的、鲜为人知的中国古代科技史。我们的先民在盐井的开凿过程中还发现了天然气，称为"井火"。西晋《博物志》中就曾记载诸葛亮到临邛视察，改进制盐技术，引井火煮盐，造福百姓的事迹。

知识小档案

《博物志》是中国的一部博物学著作，作者为西晋博物学家张华（公元232~300年）。该书共十卷，分类记载了山川地理、飞禽走兽、人物传记、神话古史、神仙方术等。保存了我国古代不少神话材料，是继《山海经》后，我国又一部包罗万象的奇书，填补了中国自古无博物类书籍的空白。

今天当我们去博物馆参观时，在四川博物馆众多的画像砖馆藏中，一定能看到这一块制盐画像砖，不是宴乐舞戏，不是采桑渔猎，也不是播种收割，却定格了祖先们在早期资源（图13-3）探索过程中创造的惊人智慧。在起伏的山峦间，右下角有一盐井，井上竖架，有四人成双站于两层架上，引绳提取盐水，绳上有滑车，盐水顺着竹筒流到锅灶内，灶口一人在烧火，其上有二人背柴；整个画面为群山层层环绕，山中有禽兽与树木以及射猎者点缀其间，生活气息浓厚。这一块不大的画像砖把汉代的井盐生产情况，以及烧盐工人的劳动生活具体生动地表现了出来。

图13-3 盐井画像砖及拓片 四川博物馆藏

这块不大的制盐画像砖，充分展现了古时盐井人非凡的创造力，让我们看到了2000多年前古代巴蜀人的劳作和生活场景。

十四、古代的"冰箱"——冰鉴

随着全球气温的逐渐升高,今天每年我们都要面对一段长长的炎炎夏日,幸运的是我们享受了科技带来的便利,空调帮助我们去暑,冰箱满足我们的口食。冰在现代早已经融入了我们的生活中,自人类的第一个现代冰箱被一个美国人在英国发明出来之后,我们就开始逐渐在炎热的夏天享受起了冰给我们带来的冰凉福利。冰箱已经成为我们须臾不可离开的日用生活用品。在没有冰箱、没有空调、没有电扇的几千年里,古人是如何熬过漫漫的长夏酷暑的呢?又是如何防暑降温为食物保鲜的呢?其实,他们也有自己的"空调"与"冰箱"。实际上在古代,在远在周朝的时候,就有人用起了冰。在考古中发现的文物表明,我国战国时代就已发明"原始冰箱"。

1977年,在湖北随县擂鼓墩一号墓,也就是著名的曾侯乙墓,出土了一件长76厘米、宽76厘米、高63.2厘米、双层方形的青铜盛酒器,专家对其命名为"青铜冰鉴"(图14-1)。这是一件战国时期的

图14-1 曾侯乙墓出土的青铜冰鉴 中国国家博物馆藏

青铜酒器，距今有着2400多年的历史，现藏于中国国家博物馆。

这件铜冰鉴，是件构思精巧的鉴缶组合，肚藏玄机，集实用性与艺术性于一体的青铜酒器（图14-2）。换言之，曾侯乙墓出土的铜冰鉴是复合器物，不是一件器物，而是两件器物，不是把两件搁一块儿，而是套合组装在一起。我们把这两件器物拆开来，可以看得比较清楚：鉴的底部有三个卡子，缶的圈足有三个方孔，互相对应，可以固定。它既有鉴，也有缶，具备双层结构，外面是一尊青铜鉴，鉴内套有一青铜缶。鉴与缶的组合，还设有专门的机关。铜冰鉴的方鉴底部安有弯形栓钩，正好插入青铜缶足穿眼，从而把缶稳住。其中一只栓钩还装有倒钩，栓钩插入后，倒钩即自动倒下卡紧，使青铜缶就不能摇动。这样一来，用铜冰鉴灌酒挹酒，就不需打开鉴盖，只要打开缶盖即可。用这种套和的结构，古人将美酒单独存放于缶内，鉴腹之内便可另藏玄机。

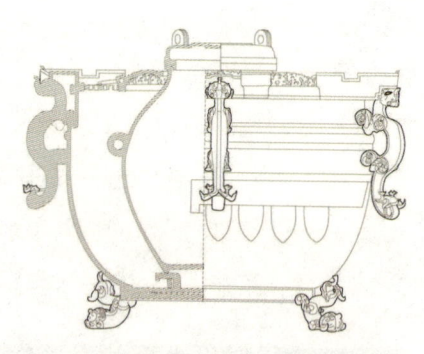

图14-2 青铜冰鉴内部示意图 中国国家博物馆藏

从功能上说，这件铜冰鉴不是食物箱，既不装谷类食物，也不装肉类食物，而是用来冰酒。一般来说，酒是装在缶里，冰是在鉴里，一件装冰，一件装酒。夏天的时候，人们在青铜冰鉴的鉴和缶之间装上冰，从而使缶内的美酒变凉，做冰镇酒；到了冬天，青铜冰鉴也有用场，人们在鉴和缶之间改装温水，使壶内的美酒迅速增温，成为暖胃的热酒。可以说，青铜冰鉴在当时就是夏天冰酒，冬天温酒，一个既可"制冷"又可"制热"的两用"冰箱"。

礼仪之邦的中国，在古代往往强调"礼以酒成"，也就是说行礼离不开酒，无酒不成礼。在崇尚礼数的商周时期，不仅喝酒有各种礼仪，就连桌上的酒器也都大有讲究。因此一套完整的青铜酒器就应该包括煮酒器、盛酒器、饮酒器、贮酒器等，名目繁多，种类丰富。而到了春秋以后，酒器在原有基础上又增加了冰酒器。曾侯乙墓出土的铜冰鉴就是战国初期制造的一种冰酒器。这件铜冰鉴出土时，还带有长柄的铜勺，正是古人用来从冰鉴中舀酒的用具。

青铜冰鉴的纹饰之美

2000多年前的这件铜冰鉴，不仅惊奇于它所具备的精巧结构，更会被它繁复冗杂、精美异常的纹饰所震撼。这件半人多高的铜冰鉴，周身装饰着交错镂空的纹饰，本身也是一件不可多得的青铜艺术珍宝！铜冰鉴的支脚，由4只龙首兽身的怪兽组成，龙头向外伸张，兽身的后肢匍匐蹬地，栩栩如生，威武自然。在冰鉴的四面、四角，还一共镶嵌有8个龙形耳，龙形呈拱曲攀伏状（图14-3）。每条龙的头顶承接8块接檐式铜饰，尾部又有小龙缠绕，还有两朵五瓣小花点缀。冰鉴的四周外口沿，还饰有镂雕或浮雕勾连云纹、蟠螭纹，众多纹饰纵横交错，细小繁杂，异常精美。整体观察不难发现，铜冰鉴的鉴盖几乎全是镂空的，以满布的浮雕勾连纹和蟠螭纹铸成盖体。而所谓蟠螭纹，就是变形缩小的交体龙纹，它们一条条只有毛线般粗细，却有头、有腿、有眼、有嘴，形态逼真，相互缠绕，繁密多变。

图14-3 青铜冰鉴（局部）
中国国家博物馆藏

除繁复华美的纹饰之外，这件铜冰鉴还体现了战国时期，2000多年前古人的高超青铜铸造技术。一般来说，商周时期，人们通过陶范定型技术可以铸出很复杂的青铜器，但太费工费力了，而对于像铜冰鉴这样精度要求很高，特别是有大面积镂孔雕饰的器皿来说，很难用陶范来浇铸。战国时期的工匠为此发明了失蜡铸造法。青铜冰鉴的铸造就是运用了范铸法和失蜡法相结合的方法。而纹饰繁密的青铜冰鉴能够制作成功，最主要的还是因为它使用了失蜡法。

失蜡法又称熔模法，首先，在泥做的内范的外面敷上一层虫蜡（内掺松香和油脂等），用这层虫蜡做成欲铸的青铜器的原大模型，并在蜡上面雕刻出精细的花纹。其次，用调好的细泥浆一层层淋上去，最后形成泥质外范。在外范外面再用厚泥包裹好，并预留出浇口与出蜡口，再加热烘烤，使夹在内范、外范之间的蜡模融化，蜡液由出蜡口流出。最后，由浇铸口将青铜溶液注入，待冷却凝固后，拆下外范及内范，一件青铜器就铸成了。由于虫蜡易于雕镂，因此可以制作花纹层叠繁缛的器物。失蜡法铸造，制模工序简便，能够"所见即所得"，保证铸出后的铜器与原有蜡模一致，而且多么难做的青铜器也能铸出来。同样十分重要的是，用失蜡法铸造的铜器表面光滑，精度高，无须再打磨加工。因此，人们把失蜡法当作冶铸史上一项十分重要的发明。就是在今天，人们还采用失蜡法铸造飞机零件等精密构件。

体型硕大、构思奇巧、制作精细的青铜冰鉴，为后人展示了中国古代青铜铸造的高超技法和先进水平。在2008年北京奥运会开幕式中，铜冰鉴的造型，还被运用在了开幕式的表演中，让全世界人民感受到中华文明的强烈震撼。精巧的构造令人称奇；繁复精美的纹饰，更令人赞叹。如今，青铜冰鉴被珍藏于中国国家博物馆，它的存世不仅成为研究古代历史的重要证物，更是青铜铸造史上的典范之作。

古人的冰箱有何用途

在现在的生活中，制造和使用冰块极其简单，一台冰箱就可以把这个事儿搞定。可是在冰箱发明前，古代人是如何制造、储存和使用冰块的呢？

十四、古代的"冰箱"——冰鉴

据史料记载，中国发明食物保鲜的方法，在《诗经》中便有记载，说奴隶们冬日凿冰储藏，供贵族们夏季饮用。而古籍《周礼》记载"祭祀共冰鉴"。"鉴"其实就是指和铜冰鉴形制相同的"古代冰箱"。更值得一提的是，据《周礼·天官·凌人》记载，周代设有专门管理冰政的官员"凌人"，主掌斩冰、藏冰、启冰、颁冰等事情。凌人在每年12月斩冰，以预计所用的三倍冰量藏入冰室。到了春夏之季，人们开始用冰，秋天时清理冰室，为冬天藏冰做好准备。当时冰块的用途除了夏天供给统治者食用、降温、祭祀以外，甚至还用于保存尸体。此外，在古书《吴越春秋》上也曾记载："勾践之出游也，休息食宿于冰厨。"这里所说的"冰厨"，就是古代人们专门用来储存食物的一间房子，是夏季供应饮食的地方。

古代的"冰箱"被称作凌阴，可惜的是，周代记载的藏冰的凌阴目前没有考古发现。不过先秦及秦汉时期的凌阴遗迹很多，可让我们了解古代"冰箱"的面貌。考古学家曾经在陕西发现了先秦时期的凌阴建筑遗址，里面出土了大量瓦片，还有陶质水管、板状铜条残段、玉璧、玉圭、玉玦等。总之，在古代虽然没有现代化的电冰箱，但是古人对于大自然的合理利用，以及制冰、用冰技术，让我们尤为敬佩，古人所用的冰箱比现在冰箱更加环保、绿色、健康。

无独有偶，北京故宫博物院收藏的一件清乾隆掐丝珐琅番莲纹冰箱（图14-4），高41.8厘米，口边长72.5/92.5厘米，底边长64/64厘米。此珐琅冰箱为长方体，为双开活盖，其中一盖上有两个铜钱纹开光，可方便将箱盖提起，同时兼有透气的效果。冰箱盖四壁边包铜，一侧边沿镌刻"大清乾隆年制"六字楷书款。两侧安有双鱼吞环提手。箱内壁采用镶银里的做法。盖及四壁均施天蓝色珐琅釉为地，掐丝填釉各色缠枝番莲纹，箱底饰掐丝珐琅冰梅纹。冰箱下承红木底座，底座四角的拱肩处镶嵌兽面纹珐琅，洼堂肚牙子，鼓腿彭牙，足端雕出向外翻卷的狮爪纹。在狮爪纹足下踩托泥。此冰箱珐琅釉色丰

图14-4 清乾隆掐丝珐琅番莲纹冰箱 故宫博物院藏

富明快,做工较为精细,是为夏季盛冰降温之用,也可将需要冷却的食品置于箱内,起到"冰镇"效果。

有关这件冰箱和末代皇帝还有一段传奇故事。1924年11月5日,大清帝国最后一位皇帝爱新觉罗·溥仪被驱逐出了紫禁城,作为必备生活用品,他也带走了一对冰箱,而且是乾隆先祖传下来的掐丝珐琅冰箱——因为手头的钱满足不了他奢靡的"皇室"生活,不得不变卖从清宫盗运出来的文物维持生计,包括卖掉了这对掐丝珐琅冰箱。幸运的是,当时的天津名医陆观虎在古玩店发现了这对掐丝珐琅冰箱,奇特之式样,做工之精细,陆观虎异常喜爱,找来了民国大总统徐世昌的弟弟徐世章当保人,花费3500块大洋购得,从此精心呵护。因为十年浩劫,这对冰箱被抄走,浩劫结束后,国家落实政策退还被抄物品。1985年,陆观虎的女儿陆仪拿到了阔别近20年的家传之宝,同年陆仪女士便决定无偿捐献给故宫,使冰箱回到它的诞生地——紫禁城。经过专家的研究,这对冰箱异常珍贵,完全不同于战国的青铜冰鉴,六面全彩掐丝珐琅,是一件精美绝伦的景泰蓝冰箱,冰箱盖上印有"大清乾隆御制",更重要的是完整的一对,在故宫的库房中绝无仅有!

十五、古代计时器——汉代铜漏

南宋著名诗人杨万里有一首诗涉及古代的黑科技,古人的计时工具之一——铜漏。在《夙兴待且旦二绝》诗中,杨万里写道:"村里无铜漏,金鸡管杀更。百声犹未晓,却等第三声。"太阳东升西落、老百姓的日出晚归、耕种变化、达官贵人的公差办事、上朝理政等活动都遵循时间变化。从人类早期历史记载可见,天体不断变化产生昼夜和四季,古人种植庄稼需按季收割,于是产生了日历。古代先民们为更好掌握时间的度,于是就产生了包括铜漏、日晷等在内的各种不同计时器。

大诗人杨万里笔下的铜漏在考古文物中出现最多,其时代多为汉代。其中较为著名的有以下几例。

满城铜漏

满城铜漏1968年出土于河北省满城西汉中山靖王刘胜之墓中(图15-1)。刘胜是西汉景帝之子,史记卒于元鼎四年(公元前113年),故认为此铜漏应该制造于公元前113年之前,作为陪葬品,现在该铜漏收藏于中国社会科学院考古研究所。

该铜漏作圆筒形,下有三足,通高22.4厘米,壶身接近壶底处有一小管外通(小管已残断)。壶盖上有方形提梁,壶盖和提梁有正相对的长方形小孔各一,作为穿插刻有时辰的标尺之用,壶中的水从小管逐渐外漏,

图15-1 满城铜漏 中国社会科学院考古研究所藏

标尺逐渐下降，可观察时辰的变化。这就是前面提到的单壶泄水型沉箭漏。从壶的高度分析该壶很小，从一壶水装满到泄放结束估计不足一个时辰或一二刻钟，壶中水量排放从满壶到浅，先后流量不一，故其计时精度不会高，它不能作为天文仪器，只能在日常生活中作为粗略的时段计时工具。

兴平铜漏

1958年，陕西省兴平县砖瓦厂工地上挖土制瓦时发现了这件铜漏壶，同时还有铜带钩、五株钱、陶器等物，据专家考证，认定为西汉中期之物，故称"兴平铜漏"。兴平铜漏壶现收藏于陕西省茂陵博物馆。

兴平铜漏，圆筒形，素面，上有提梁盖，下有三足，壶底端突出一个水嘴。通高32.3厘米，壶盖直径11.1厘米，盖沿高1.7厘米。梁、盖的中央有正相对应的长方形插孔各一个，用于穿插时辰的标尺。壶身口径10.6厘米，高23.8厘米，嘴长3.8厘米，口径0.25厘米，其内径圆筒形，外圆柱形，与壶壁连接呈漏斗状，水从嘴孔流出。此外，在筒内出水嘴处有一紧贴在筒壁上的云母片，直径约4厘米，呈不规则的圆形。

千章铜漏

千章铜漏是1976年在内蒙古伊克昭盟杭锦旗沙丘内偶然发现的，现收藏于内蒙古自治区博物馆内。该漏壶的壶内底上铸有阳文"千章"二字，壶身正面阴刻"千章铜漏"四字。此漏壶是西汉成帝河平二年（公元前27年）四月在千章县铸造的。后来又在第二层梁上加刻"中阳铜漏铭"。中阳和千章在西汉皆属西河郡。

千章铜漏，通高47.9厘米，壶身作圆筒形，壶内深24.2厘米，径18.7厘米。近壶底处下斜约23度的一断面圆形流管，管上斜长8.2厘米，下斜7.2厘米，根径2.4厘米，端径1.8厘米，近管端处有一凹槽，管端有径0.31厘米小孔。壶身下为三蹄足，高8.8厘米。壶盖高3厘米，径20厘米。盖上有双层梁，通高14.3厘米，边框宽2.3厘米。第一层梁、第二层梁及壶盖的中央有上下对应的三个长方孔，壶身总重量6250克，壶盖重2000克，全壶总重8250克。

工作原理

铜漏其实就是一种水钟，也叫刻漏或漏刻。漏刻一般由漏壶和标尺两部分构成，漏是指带孔的壶，刻是指附有刻度的浮箭。漏壶用于泄水或盛水，前者称泄水型漏壶，后者称受水型漏壶。标尺用于标记时刻，使用时置于壶中，随壶内水位变化而上下运动。根据浮箭情况也可分为沉箭漏与浮箭漏。沉箭漏十分古老，也较为简单。它只有单壶，壶的下部有流管，壶中有一直立的浮在水面的箭杆，上有刻度，此即刻箭，又称箭尺。使用时，首先在漏壶中插入一根刻有时刻的箭尺。箭尺下以一只箭舟相托，浮于水面。壶中水通过流管不断流出或流入壶外（中），箭尺便逐渐相应地下沉或上升，以壶口处浮箭上的刻度指示时间。

铜漏作为一种古代计时器，出现的时间较早，据史书记载西周时就已经出现了漏刻。从文物出土的情况看，我们目前见到的实物主要是西汉的实物。

漏刻是一种典型的等时计时装置，计时的准确度取决于水流的均匀程度。早期漏刻大多使用单只漏壶，滴水速度受到壶中液位高度的影响，液位高，滴水速度较快，液位低，滴水速度较慢。为解决这一问题，古人进一步创制出多级漏刻装置。所谓多级漏刻，即使用多只漏壶，上下依次串联成为一组，每只漏壶都依次向其下一只漏壶中滴水。这样一来，对最下端的受水壶来说，其上方的一只泄水壶因为有同样速率的水来补充，壶内液位基本保持恒定，其自身的滴水速度也就能保持均匀（图15-2）。

漏是指计时用的漏壶，刻是指划分一天的时间单位，它通过漏壶的浮箭来计量一昼夜的时刻。最初，人们发现陶器中的水会从裂缝中一滴一滴地漏出来，于是专门制造出一种留有小孔的漏壶，把水注入漏壶内，水便从壶孔中流出来，另外再用一个容器收集漏下来的水，在这个容器内有一根刻有标记的箭杆，相当于现代钟表上显示时刻的钟面，用一个竹片或木块托着箭杆浮在水面上，容器盖的中心开一个小孔，箭杆从盖孔中穿出，这个容器叫作"箭壶"。

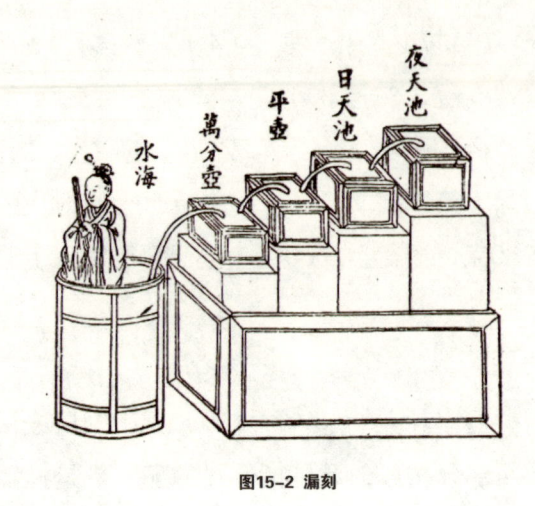

图15-2 漏刻

随着箭壶内收集的水逐渐增多，木块托着箭杆也慢慢地往上浮，古人从盖孔处看箭杆上的标记，就能知道具体的时刻。漏刻的计时方法可分为两类：泄水型和受水型。漏刻是一种独立的计时系统，只借助水的运动。后来古人发现漏壶内的水多时，流水较快，水少时流水就慢，显然会影响计量时间的精度。于是在漏壶上再加一只漏壶，水从下面漏壶流出去的同时，上面漏壶的水即源源不断地补充给下面的漏壶，使下面漏壶内的水均匀地流入箭壶，从而取得比较精确的时刻。

一般来说，由于是单壶，壶中水位在滴泄过程中会逐渐下降，从而导致流速不均，故应不等距地划分箭尺的刻度：越接近下端，刻度越疏；越接近上端，刻度越密，这样才能够表示相等的时间间隔。浮箭漏的出现晚于沉箭漏，而性能优于前者。它由供水的漏壶、受水并放置箭尺的箭壶两部分组成。使用时，漏壶的水通过流管不断泄入箭壶，箭尺便随箭壶水位的升高而逐渐上浮。由于箭尺不放在漏壶中，故可以采取措施来保持漏壶水位的稳定，从而导致流量的稳定。而箭尺的刻度也因此可以均匀划分，并实现无间断的长时段计时。二级补偿式浮箭漏的出现更迟，结构也略复杂。它的漏壶有上下两级，当下级漏壶向箭壶供水时，上级漏壶则为下级漏壶补水，从而提高了漏壶水位的稳定度和计时的准确度。较高级的浮箭漏可以有数个补偿壶（包括漫流壶），多级供水，进一步保证流量的稳定。

现存于北京故宫博物院的铜壶漏刻是公元1745年制造的，最上面漏壶的水从雕刻精致的龙口流出，依次流向下壶，箭壶盖上有个铜人仿佛抱着箭杆，箭杆上刻有96格，每格为15分钟，人们根据铜人手握箭杆处的标志来报告时间。

汉代人除发明铜漏计时外，还创造了其他几种汉代的计时工具，如土圭、日晷等。

土圭是一种古老的天文仪器。它是一种日钟，用来度量日影的长度。《周礼·考工记》："土圭尺有五寸，以致日，以土地。"其使用方法是：在地面垂直立一根杆子即"表"，杆子在日光照射下将杆影投到地面，土圭则用来度量地面上杆影的长度。在一天里，杆影最短时是

图15-3 铜镀金赤道圭表合璧仪 故宫博物院藏

日中；在一年里，日中之杆影最短日是夏至，最长日是冬至。土圭后与"表"结合在一起，演变成圭表（图15-3）。江苏仪征一座东汉墓出土过圭表，铜质，圭中有槽，槽中容表。一端有枢轴，便于启合，测影时可将表垂直立起。表的高度为19.2厘米，约合汉尺8寸。

日晷也是一种计时器，又称晷仪（图15-4）。它与圭表主要区别是：圭表用来测量日影长度，以定时间、分季节，求得全年日数，推算历法；日晷则用来观察日出、日落，以及通过测量日影位置来指示当下时刻。洛阳金村一件日晷被称为"金村晷仪"。该日晷仪面上的文字都是汉篆，故推定其属于汉代。其规制是一块平整石面，其中央刻绘出一个大圆，直径约汉尺一尺；将圆分为100等份，顺时针标出69个刻度，每个刻度各用一条直线引到圆心，另外31个刻度留白；圆心为一不穿透小孔，用于立晷针。日晷上所标出的刻度，可用来测量白昼（及与之邻近的昏旦）。而将圆分为100等份，则反映当时所通行的"一日百刻"的时制。

图15-4 日晷 故宫博物院藏

日晷确实在某种程度上为人们提供了设立时间标准的条件。由于太阳在天空中位置的移动有一定规律，故日晷测时也相对准确，这都是日晷的长处。但汉代日晷计时单位都是"刻"，1刻合14.4分钟，没有更小单位，不能做进一步细密计量。而且日晷须依赖日照，不能用于阴天和黑夜。因此，单用日晷来计时是不够的，还需要其他种类的计时器，如漏壶来与之相配。

　　总之，像铜漏这样的计时器，从战国出现以来，就表现出强大的生命力，不仅一直广泛使用，并大量地出现在诗词之中。除前面我们提到的诗人杨万里描写过铜漏之外，唐代诗人张籍写道，"阊阖晓开铜漏静，身当受册大明宫"。另一个大文学家司马光也有诗句："剪烛添香欢未极，但惊铜漏太匆匆。"这种沿用近2000多年的中国古代计时器一直使用至西方钟表传入中国，才完成历史的使命，逐渐退出历史舞台。

十六、古人也环保——长信宫灯

近年来，由于工业化进程的加快，以及人口向大城市聚集等多种原因，我们人类所离不开的空气经常出现大规模的大气污染，比较常见的就是雾霾问题，严重地影响人们的身心健康。有人推测清代康熙、乾隆皇帝就死于雾霾或因大量烧炭取暖致"霾灾"。澳门镜湖医院心脏内科医生谭健锹专擅心血管疾病，出书《历史课听不到的奇闻：那些你不知道的医疗外史》剖析古代空气污染如何成为皇帝杀手。谭健锹医生读史发现，清朝的康熙、乾隆等10位皇帝都死在北京寒冬，这正是银发族（老年人）最容易心血管病发致死的关卡，而北京从元代以来就有史上有名的雾霾之害，也是火上加油的杀手之一。事实上，如何消除或降低雾霾，包括室内空气污染在内，我们在不少古代文物中都能看到古人的奇思妙想。

1968年，解放军某部在位于河北保定满城县城西南1.5公里的陵山上施工时，偶然发现西汉中山靖王刘胜和他妻子窦绾（wǎn）两座陵墓。经周恩来总理亲自批示发掘，著名考古专家郭沫若先生莅临指导发掘工作，考古工作者考古发掘了这两座规模宏大、举世罕见、结构仿汉代宫殿的西汉诸侯王陵墓，共出土文物一万余件，其中珍贵文物4000多件。

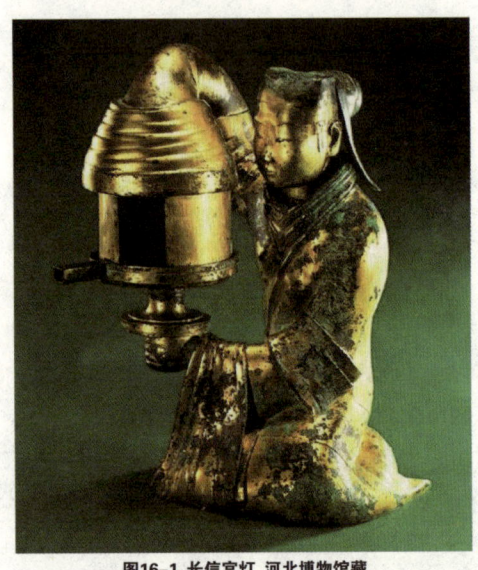

图16-1 长信宫灯 河北博物馆藏

举世闻名的"金缕玉衣""长信宫灯""错金博山炉""朱雀衔环杯"就出土于此。其中著名的"长信宫灯"就是在中山靖王刘胜妻子窦绾墓中出土（图16-1）。

长信宫灯高48厘米，宫女高44.5厘米，重15.85千克。此宫灯因曾放置于窦太后（刘胜祖母）的汉长安长信宫内而得名，现藏于河北省博物馆。

该宫灯的整体造型是一个穿着汉式服装的跪坐着的宫女双手执灯。头部、身躯、右臂、灯座、灯盘和灯罩六部分分铸而组装成的。宫女体中是空的，头部和右臂还可以拆卸。宫女的左手托住灯座，右手提着灯罩，右臂与灯的烟道相通。宽大的袖管自然垂落，巧妙地形成了灯的顶部，这样她的手袖就成为排烟炱（tái）的管道。中空的右臂与衣袖形成铜灯灯罩，灯罩由两块呈弧形的瓦状铜板合拢后为圆形，镶嵌于灯盘的槽之中，这样可以左右自由开合，同时能任意调节灯光的照射方向、亮度和强弱。宫女一手执灯，另一手袖似在挡风，实为虹管，用于吸收油烟，既防止了空气污染，又有审美价值。灯盘中心和钎上插上蜡烛，点燃后，燃烧产生的灰尘和烟雾就可以通过宫女的右臂沉积于宫女体内，不会大量飘散到周围环境中，保持室内清洁。其原理就是利用物理学中的"虹吸原理"，将人和灯结合得浑然一体，袖口内暗藏玄机，让燃烧产生的碳灰，直接吸入铜人灌满水的体内，这样就过滤了污染物，不会污染室内空气。该宫灯出土时，灯罩上方部分残留有少量蜡状残留物，考古学家推测宫灯内燃烧的物质是动物脂肪或蜡烛。

长信宫灯的造型构造设计合理，许多构件可以拆卸。灯盘有一方銎柄，出土时内尚存朽木，座似豆形。宫灯通体鎏金，显得灿烂而华丽，表面没有过多的修饰物与复杂的花纹，在同时代的宫廷用具中显得较为朴素。长信宫灯一改以往青铜器皿的神秘厚重，整个造型及装饰风格都显得舒展自如、轻巧华丽，是一件既实用又美观的灯具珍品。长信宫灯一直被认为是中国工艺美术品中的巅峰之作和民族工艺的重要代表而广受赞誉。考古学和冶金史的研究专家一致公认，此灯设计之精巧，制作工艺水平之高，在汉代宫灯中首屈一指。1993年被鉴定为国宝级文物。同时该灯的环保设计理念体现了古代中国人民的智慧，长信宫灯也获得了"中华第一灯"的美誉。美国前国务卿基辛格来华访问时曾参观过长信宫灯，并感慨道："2000多年前中国人就懂得了环保，真了不起。"长信宫灯作为"明星"，在中国2010年上海世界博览会展品展出。

事实上，长信宫灯的环保设计理念在其他汉代灯具中也较为常见，并发展到高峰，也可以算是汉代人高科技的发明创造了。汉代先民设计创造出的人物和动物形象灯，把生活中常见的造型引入灯具的设计中，这些灯具尺度适宜，结构合理，造型生动，装饰富丽，增加了实用性之外的文化审美内涵，同时也体现了在艺术性、科学性、观赏性、实用性等方面取得了辉煌的成就。中国国家博物馆收藏着一件山西朔州出土的西汉彩绘雁鱼铜灯（图16-2）。这盏雁鱼铜灯用青铜铸造而成，高53厘米。该灯体由四个部分组成，它们分别是雁首颈、雁体、灯盘和灯罩。雁鱼铜灯的四个部分是套合而成的，也就是说它们可以自由拆装，十分便于擦洗。鱼铜灯中鱼的中间开口，巧妙地给灯盘留出了位置。在雁鱼铜灯的灯盘一侧，附有一只灯柄，这个精巧的结构，可控制灯盘来回转动。同时，在圆形的灯盘之内，还有两道直壁的圈沿。其中，一道直壁圈沿以子母口的形式与灯盘固定，将二者稳定地套接在一起；另一道直壁圈沿，则与两片弧形板套接，形成可以左右开合的灯罩，这样既能挡风，又能调节灯光的亮度。鱼身上的巧妙机关设计，直到今天都令人称奇。雁鱼铜灯的雁，就是其环保结构的主体。雁颈与雁体，以子母口相接。鱼身及雁颈、体腔都是中空且相通的。当灯火在鱼身内点燃后，烟雾和废气便会上升至雁颈，并导入存有水的雁体之中。这样一来，燃灯后所产生的烟雾、废气经过水的稀释作用，减少或消除对室内空气的污染，这样就实现了铜灯的环保功效。该灯采用中国传统的鸿雁衔鱼的艺术造型，栩栩如生，逼真动人，是汉代青铜器中不可多得的珍品。雁鱼铜灯不仅造型美观大方，同时，它和长信宫灯一样极具巧思，有着先进的环保理念。

无独有偶，1975年，江苏睢宁出土"东汉错金云纹铜牛灯"（图16-3），采用牛为灯形，牛角中空，上与一带喇叭状罩的圆管互相扣合，喇叭口正对牛背上的灯盘，牛腹中空，可盛水，做工更加精美。它同样由灯座、灯罩等部分组装而成，各部分都可拆卸以便移动和清洗。牛背上驮小圆亭形灯座，带短小把手的灯盘，两片弧形竖菱形镂空屏板构成灯罩，燃灯时金属屏板往往烫手，屏板上多设了个小钮环便于隔热拉动。镂空的菱形格状孔，具有散热和透光作用。点灯时，烟可由罩口进入圆管由牛角处进入盛水的腹中。

相对西方人用的油灯，直到15世纪意大利人达·芬奇才发明出铁皮导烟灯罩，18世纪时法国人和瑞士人进

图16-2 西汉彩绘雁鱼铜灯 中国国家博物馆藏

图16-3 东汉错金云纹铜牛灯 南京博物院藏

一步用玻璃灯罩代替铁皮灯罩，并完善了油灯和灯罩的一系列设计，从而初步解决了控制油烟污染的问题。回望这一件件2000多年汉代人所设计的环保灯具，每一件工艺都非常考究，造型设计精巧奇特，装饰风格高雅华丽，工艺技术高度发达，是公认的艺术珍品。它们是我们今天眺望历史的一个窗口。这些艺术性、实用性和科学性完美有机地结合在一起的艺术品，向后人展示着2000多年前中国工匠的智慧与巧思，让现代人看到了古代人铸造青铜制品的高超技艺，同时也看到了他们追求高品质生活的环保理念。

十七、使用千年的水利机械——翻车

中国是世界上著名的农业古国之一,自古以来中国的农业生产一直是以精耕细作而闻名于世。我国的农业最开始采用的是刀耕火种的方式,后发展成精耕细作的耕作方式。那么我国的农业是如何发展的呢?

我们都知道农业生产需要极其严格的天时、地利还有生物条件,本身受到土壤、水源、天气、动植物资源等自然条件和人口、生产关系等社会条件的严格制约。想要在有限的土地上种植出更多的粮食,就要尽可能地提高土地的利用率和农作物的存活率。为了达到最佳的效果,中国农民可以说是试验了各种方法。从最开始耕种工具的改进,到培育优良的种子,中国农民为了提高产量可以说是竭尽所能。

原始社会时期,生产工具的材质主要是石器,石铲、石锄、石犁等工具用于松整土地,石刀和石镰用于收割,石磨盘和石磨棒用来给谷物脱粒加工。进入商周时期,我国农业技术初步发展,生产工具增加,田间耕作方式和储藏加工都有了较大的进步,休耕制度和垄作法已经出现。在这种条件下,粮食的产量增加,储藏方式也由地下窖藏改为地上仓库储存。到了春秋战国时期,铁器开始普及。铁器的应用使得生产效率有了质的飞跃。同时,铁器的使用为挖渠筑坝、兴修水利创造了客观条件,各个诸侯国先后兴建大型农田水利工程,极大地改善了耕作条件,我国农业正式进入精耕细作阶段,之后历代不断出现新的农业工具和技术,也出现了总结农业经验的农书。

高处灌溉的利器——翻车

在农业生产中，有一样技术对农业的影响尤为重要，这就是灌溉技术。因为我国古代农作物的长势以及农民的收成都是根据天气环境来决定的，正所谓靠天吃饭，所以充足稳定的水源往往能够决定农作物最后的收成。

中国广袤的土地和多数耕地都位于温带，气候环境条件决定了水源对于农业经济的不可取代性，灌溉技术的发展就是古代中国农业社会发展的最大助力。3000多年以前，中国的农民为了取水灌溉田地，必须得去河流和水井旁一桶一桶地提水。自春秋战国时期开始，当权者为了提升国家的农业生产力，不断地兴建水利工程。战国时建都江堰、郑国渠，秦代开通了秦渠、灵渠和江南运河，两汉建六辅渠、白渠、龙首渠。曹魏兴复了芍陂（què bēi）、茹陂等许多渠堰堤塘。北魏孝文帝甚至下令有水田之处，都要通渠灌溉。由此我们能看出灌溉在农业中的地位。

随着耕种技术的日益成熟，人们耕种的面积也越来越广阔，一些远离水源的土地在灌溉农具的作用之下也有了耕种的价值。然而，我国南方大部分是丘陵山地，那些地势更高的田土要想获得水源的滋润，没有合适的灌溉工具是做不到的。俗话说："人往高处走，水往低处流"，怎么才能让水流向高处进行灌溉呢？

汉代，一种名为翻车的机械出现了（图17-1）。翻

图17-1 翻车

车，又名龙骨车，是一种将河水提起的机器。根据文献记载，翻车最初产于东汉时期，用于在道路上洒水，《后汉书》卷七十八《宦者列传·张让》载汉灵帝时："明年，遂使钩盾令宋典缮修南宫玉堂。又使掖庭令毕岚铸铜人四列于仓龙、玄武阙。又铸四钟，皆受二千斛，县（悬）于玉堂及台殿前。又铸天禄虾蟆，吐水于平门外桥东，转水入宫。又作翻车渴乌，施于桥西，用洒南北郊路，以省百姓洒道之费。"

这是"翻车"一词见于我国史籍之始，在此前的任何书籍中均未见记载。由此可知，毕岚始作翻车。据唐李贤（章怀太子）注："翻车，设机车以引水。渴乌，为曲筒，以气引水水上也。"所谓的"设机车"应当是说毕岚所创造的翻车上已有轮槽板、齿轮等机械传动装置。但是众所周知，汉灵帝是汉代第十二位皇帝，他在位时宦官专权，贪污腐化成风，公开卖官鬻爵，天下田亩增税十钱，百姓民不聊生。最终阶级矛盾激化，他在位晚期爆发了黄巾起义。因而毕岚发明创造的翻车也就只能供皇帝享乐，根本不可能用于农业发展生产力。

三国时孔明改造完善翻车，后在蜀国推广使用，故水车也有"孔明车"之称。到了曹魏时期，北方地区暂时统一，生产得到恢复和发展，需要有更先进的技术来促进农业生产。当时魏国的都城洛阳城内有一块儿地势很高的坡地，无法引水灌溉，于是魏国一位伟大的发明家马钧，对翻车进行了深入的改进，并用于农业生产，用于灌溉高地。这就是在水利史上鼎鼎有名的龙骨水车。

马钧在前人创造用来吸水洒路的翻车的基础上，设法加以改进，制造了既轻巧又便于操作的翻车。南朝宋裴松之注解的《三国志·魏书·杜夔传》引用傅玄的话："居京都，城内有地，可以为园，患无水以灌之，乃作翻车，令儿童转之，而灌水自覆，更入列出，其巧百倍于常。"这里就说这种翻车，连小孩都能转动，且能连续提水，说明其相当省力，效率又高，可见有很大改进。所以这种新型翻车很快就在民间广泛使用,促进了农业生产的发展。后来由于使用频繁,还提高了抗旱能力。

翻车的便利和实用使得它深受广大农民的喜爱,翻车的别称"龙骨水车"也来自民间,南宋陆游的《春晚即景》:"龙骨车鸣水入塘,雨来犹可望丰穰。"这是目前见到的史料中最早出现龙骨车称呼的。这种优越的农业机械也被官员文人注意到,出现许多赞美翻车的诗。

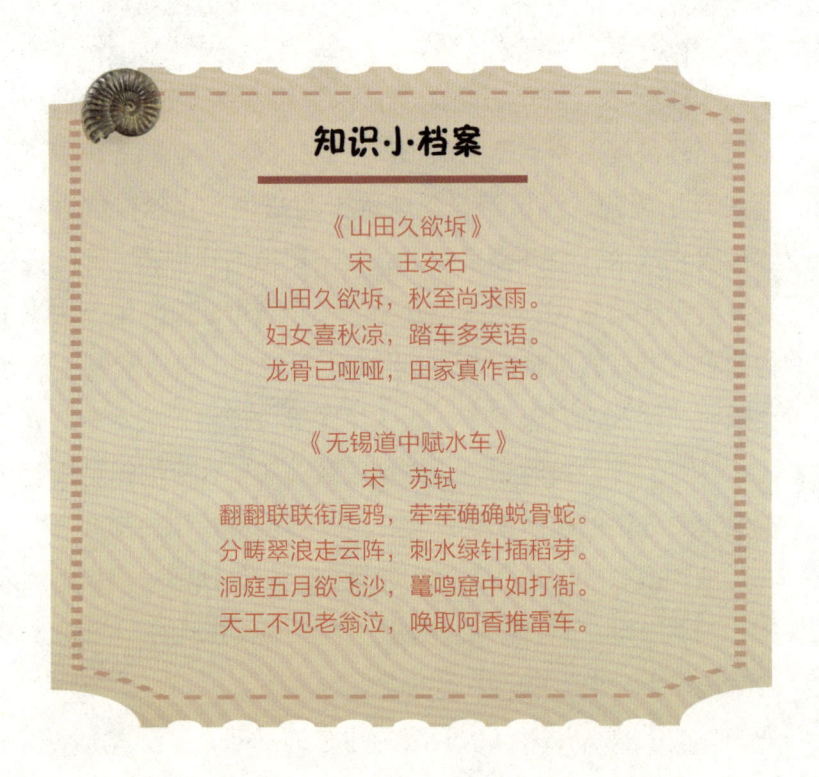

知识·小·档案

《山田久欲坼》
宋　王安石
山田久欲坼,秋至尚求雨。
妇女喜秋凉,踏车多笑语。
龙骨已哑哑,田家真作苦。

《无锡道中赋水车》
宋　苏轼
翻翻联联衔尾鸦,荦荦确确蜕骨蛇。
分畴翠浪走云阵,刺水绿针插稻芽。
洞庭五月欲飞沙,鼍鸣窟中如打衙。
天工不见老翁泣,唤取阿香推雷车。

翻车是如何翻水的

翻车的形制在汉魏两晋的文献中并没有找到记载,直到元代,王祯《农书》中才有了详细记载。其结构大体是:车身由木板做成槽形,长约2丈,阔4寸或7寸,高约1尺,槽中架有一条行道板,宽窄与木槽接近，木板槽的上下部各安装一个转动轮轴，轴心平行，上面为大轮轴，主动轮，下面为小滚轴，从动轮。行道板上面如下面一样环绕着通连的龙骨散叶，上端绕大轮轴，下端结小轮轴，各有回根拐木，大轮安装在岸上的两根木架中间，人身靠在架的横木上，脚踏拐木，大轮带小轮转动，水就被车提上岸来。脚踏水车要配以脚手架，一般是两人或扶立架上（俗称二人头，四人头），用脚连连踩踏车头转轮齿上的木墩，车头转轮滚动，中间木齿轮牵动龙骨，节节叶片将水压入水槽并带上车头流出。脚踏水车多用于较平坦的盆地田块。

元代王祯《农书》绘制了不同动力的龙骨水车的图谱，其中人力水车有脚踏、手摇等，畜力水车有牛车、驴车等，明代宋应星《天工开物》也绘有三种龙骨水车。中国国家博物馆现在也保存了根据史书仿制做出的比例1∶1的实物模型。

知识小档案

《天工开物》作者是明朝科学家宋应星，初刊于1637年（明崇祯十年）。《天工开物》是世界上第一部关于农业和手工业生产的综合性著作，是中国古代一部综合性的科学技术著作，有人也称它是一部百科全书式的著作，是中国科技史料保留最为丰富的一部，外国学者称它为"中国17世纪的工艺百科全书"。作者在书中强调人类要和自然相协调、人力要与自然力相配合。书中着重手工业，反映了中国明代末年出现资本主义萌芽时期的生产力状况。

翻车适合近距离，提水高度在1~2米，比较适合平原地区使用，或者作为灌溉工程的辅助设施，从输水渠上直接向农田提水。还有一种用于井中取水的翻车是立式的，水车的传动装置有平轮和立轮两种以转换动力方向。

最初的翻车是用人力转动的，后来我国人民又创制了利用畜力、风力、水力等转动的多种水车。龙骨叶板用作链条，卧于矩形长槽中，车身斜置河边或池塘边。下链轮和车身一部分没入水中。驱动链轮，叶板就沿槽刮水上升，到长槽上端将水送出。如此连续循环，把水输送到需要之处，可连续取水，功效大大提高，操作搬运方便，还可及时转移取水点，既可灌溉，又可排涝。我国古代链传动的最早应用就是在翻车上，是农业灌溉机械的一项重大改进。

由于魏晋时期使用人力操作，所以翻车的汲水量还不够大，大约到了南宋年间，翻车有了新的发展，出现了用畜力作动力的翻车，这是翻车的一个重大飞跃。水车部分的构造与以前的相同，只是在动力方面稍有改装。人们在水车的上端安了一个竖齿轮，旁边立有一个大轴，轴的中部安有一个卧齿轮，在卧齿轮上安有一个横木，可以用牛拉着转动。因为畜力比较大，所以能够把水车搬到比较高的地方，汲水量自然也就大了。到了元朝，据王祯《农书》记载在700年前的中国，就已有用水力来作动力的水车，继续改进动力部分，安装在水流湍急的河边，以便冲动水风车（图17-2）。风车一转动，就能够带动一大串的机械工作，而且力量也比人力和畜力大，因此能够更容易地把水汲到高处，流入田地里，灌溉庄稼。

唐宋以来，农田灌溉、排水及运河供水中，翻车是使用最普遍的提水机械，特别是南方大兴围田之后，对低水头提水机械的需求更加普遍。隋唐时翻车作为引水工具已广泛用

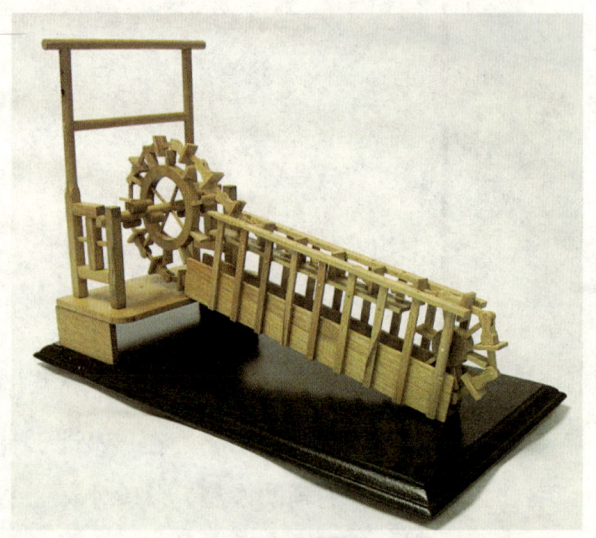

图17-2 翻车模型

于农业，这是当时世界上最先进的生产工具之一，既能种植灌溉又能排水。宋代农业扩张时期，翻车技术获得提升，更加普及，至今已有1700余年历史。翻车在中世纪传入日本，江户时代京畿地方农民已普及使用。

由于这种龙骨水车结构合理，可靠实用，所以能一代代流传下来。二三十年前，中国大陆偏远地区的农村农用水泵尚未普及使用时，农田灌溉还经常使用这种木制的汲水装置。直到如今，随着农用水泵的普遍使用，它才完成了历史使命，悄悄地退出历史舞台。在今天的农业机械化生产下，翻车虽然已被电动水泵取代了，然而这种水车链轮传动、翻板提升的工作原理，却有着不朽的生命力。就拿我们的海岸、港口经常能见到的疏浚河道的斗式挖泥机来说，那一只只回转挖泥的泥斗，就是从翻车的提水翻板脱胎而来的。因此可以说，翻车作为古代劳动人民的智慧结晶，直到现在还在发挥着它的作用。

十八、木构建筑的精髓——榫卯技术

"六王毕，四海一；蜀山兀，阿房出。覆压三百余里，隔离天日。""五步一楼，十步一阁；廊腰缦回，檐牙高啄；各抱地势，钩心斗角。"唐代著名诗人杜牧在他的名作《阿房宫赋》中以蜀地山林砍伐一空，阿房才得以建成一事写出了中国古代建筑的主要材质——木料，同时用短短几句道出了木构宫殿建筑的精美和豪华，以及其"核心技术"——榫卯。

凸者为榫，凹者为卯，将榫头插入卯眼，不用一根金属钉子或化学黏合剂，两块相互独立的木头就能结合成一个具有承载力的构件。虽然受材料本身特质影响，木构建筑容易被焚毁、腐蚀，但根据古建筑专家的研究表明，传统木构建筑具有高超的稳定性及不可思议的抗震功能，究其原因，榫卯起到了不可替代的决定性作用。

古代木构上的榫卯

榫卯是一种节点构造方式，它的一大特点就是完全通过木与木之间的拼合连接，不需要借助外部力量就能稳定连接，不仅体现了古代木作工匠的智慧，而且体现出古代中国天人合一的哲学思想。《楚辞·九辨》中说："圆凿而方枘兮，吾固知其龃龉而难入。"这句话的意思是人们在用木料制作器具时，凿出的卯眼叫作凿，削成的榫头叫作枘，凿和枘的大小形状必须完全一致才能合适地装配起来，而圆榫眼装不进方榫头，二者合不来，也用来比喻格格不入。这其中提到的榫眼和榫头就是榫卯结构的连接点，在连接合适的木构件后，往往能够隐没内部结构，外观上可见的仅是一条细缝，如果是有经验的工匠来操作，连那条缝甚至也可能悄无声息地与木头的纹理混迹在一起，消融在木面之间的交界转折处。

我国古代文献中记录、研究传统建筑的专著极为稀少，于是对于榫卯的研究只好依靠实物资料。但我国目前遗留下的古代建筑多为明清时期所建，最早的也不过是唐代中期建筑，相较我国木作建筑的悠久历史略显单薄，好在许多间接图像资料可以供我们参考，例如铜器、石刻上的图像、雕刻、壁画和考古发掘所发现古代建筑遗迹。

根据考古发掘可知榫卯出现得非常早，中国人早在新石器文化时期就已经熟练使用榫卯结构了。在距今7000多年前的余姚河姆渡遗址第四文化层底部，出土了大量"干栏式"建筑遗迹，这些"干栏式"建筑既可防潮又可防止野兽侵袭，是我国南方传统木构建筑的雏形。考古学家从这些建筑遗迹中发现，河姆渡人已经能够在建筑上运用榫卯技术了，这一发现将中国榫卯技术的历史推前了2000多年。

余姚河姆渡遗址清理出来上百件带榫卯的木构件（图18-1），有的构件还有多处榫卯结构，从形式上看主要有桩头及桩脚榫、梁头榫、带销钉孔的榫、燕尾榫、平身柱卯眼、转角柱卯眼等，平身柱卯眼和转角柱卯眼与梁配合便可以构成稳定的屋架，进而成功搭建房屋。除此之外，河姆渡遗址房屋垂直相交的接点较多采用了榫卯技术，其中一些结构已经发现燕尾榫、带销钉孔的榫和企口板的雏形，标志着当时建筑木作工具和技术的突出成就。可以说，没有榫卯结构就没有河姆渡的干栏式建筑。

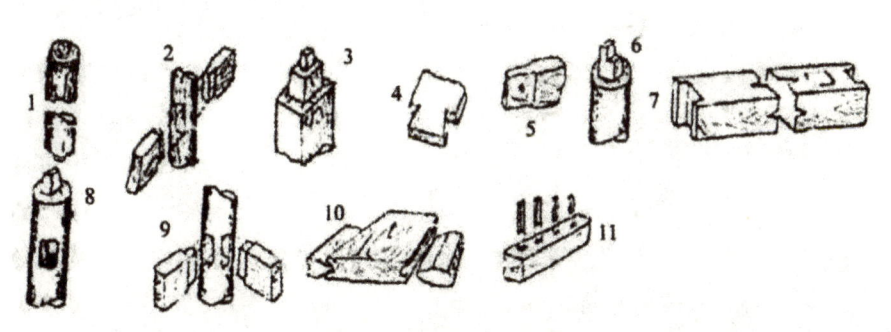

图18-1 河姆渡出土的榫卯构件

傅家山遗址同样发现木构建筑村落基址，这是河姆渡文化早期类型的又一处原始聚落遗址，残留较多的是桩木、木板和带有榫头和卯孔的建筑构件。这些残留的构件制造技术比在河姆渡遗址发现的还要更胜一筹。河姆渡人使用的榫卯构件结构科学，制作精良，不仅制作出直榫，还制作出燕尾榫这种更需设计感的接合方式，充分表现出我们远古祖先的智慧，不愧被考古学家称为7000年前的奇迹。

近期，考古学家在湖南常德澧县鸡叫城遗址发现了距今4700年的新石器时代屈家岭文化时期的完整的木构建筑基础，在中国百年考古历史上这是第一次发现如此完整且大体量的木质结构建筑，虽然具体材料仍待清理发现，但可以确定这次发现对早期木构建筑的研究和中国木结构建筑史都会产生巨大的影响。

西周时期的木结构建筑早已不见踪迹，湖北蕲春的干栏式建筑遗迹虽然也发现了一些残存的木条上有榫卯结构，但可惜保存得并不好，很多构件已经损坏，难以确认。不过上文已说过，从铜器、石刻上也可以找到榫卯资料。一件西周时期的兽足方甗下部设计成建筑的形状（图18-2），正面设置了双扇板门，门扉分为上下两格，门的两侧各有一段栏杆，表现出建筑物入口处的外形面貌，其余三面开窗，整个器物底部好似一间房屋。这件方甗正面的两扇门可以开合，也是运用了榫卯的拼接方式。

图18-2 兽足方甗

到了春秋战国时期，木匠们所采用的榫卯接合方式已达数十种，凡是现代木结构中能够见到且应用的主要榫卯接合，此时都已经出现并得到了发展，比如在湖南长沙、河南信阳等地出土的战国墓葬中，木质棺椁上已经应用了燕尾榫、搭边榫、银锭榫等各种精巧的榫卯（图18-3、图18-4），湖北当阳赵巷春秋墓出土的漆俎也应用了明榫、暗榫、通榫、半通榫和燕尾榫。可见当时的木构建筑的施工技艺已经达到了相当熟练的水平。也正因为技术的不断提升，秦汉乃至后世才有可能建造出像阿房宫这样宏伟壮观的大规模宫殿建筑和多层楼阁式建筑。

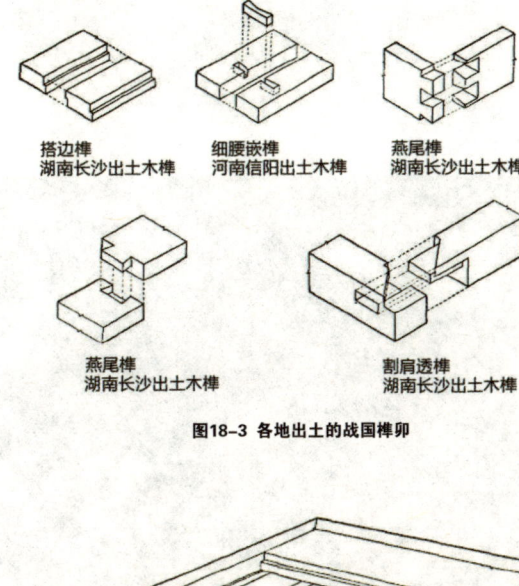

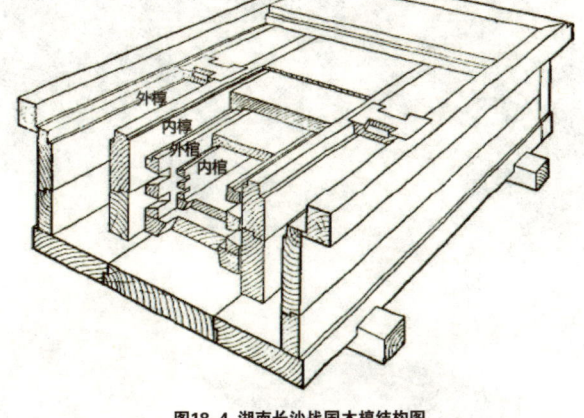

图18-3 各地出土的战国榫卯

图18-4 湖南长沙战国木椁结构图

除了技术，春秋战国时期木构建筑的审美水平也在提高。1973～1974年，陕西凤翔县城南秦故都雍城遗址出土了64件经打磨使用过的秦宫殿建筑构件，形制共分为两种，一种呈片状，另一种则呈现方筒状，方筒状又分为折角形与直筒形两种。构件一端或两端有尖齿，表面装饰着蟠螭纹。这种形状奇特的金属构件是做什么的呢？原来它安装在宫殿壁柱、壁带及门窗等木质构件的两木交接处，一方面可以起到加固作用，另一方面可以装饰宫殿，使殿堂熠熠生辉。许多学者曾经根据文献古籍设想过在建筑中的木质条架上存在加固的装置，而雍城遗址出土的金属构

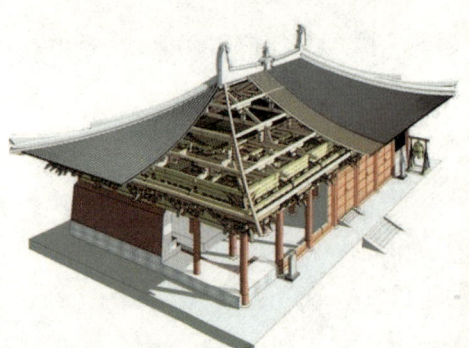

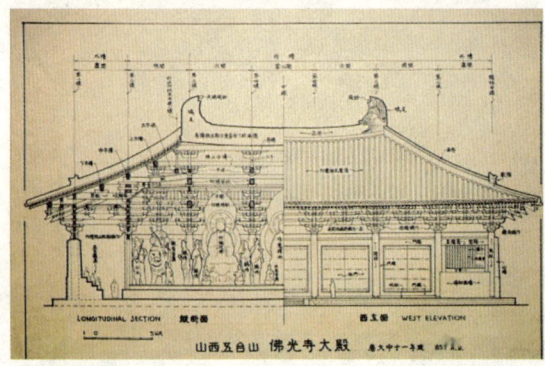

图18-5 佛光寺大殿

件正好证实了这一猜测，说明春秋战国时期我国的木构建筑已然兼顾美观与实用功能。

既然提到古代建筑，那么有一个名字不得不被提起，这就是山西省五台县佛光寺大殿（图18-5）。不仅因为佛光寺大殿所代表的是中国建筑史乃至中国历史上辉煌的盛唐时代，更因为佛光寺大殿是中国目前发现的最早的现存木构建筑。梁思成言："木构斗拱以佛光寺大殿为最古实例。"东大殿是现存的3座唐代木构殿堂型构架建筑中规模最大的，现存唐代最古老、最典型的实例。大大小小、各种形式的上千个木构件通过榫卯紧紧地咬合在一起，柱、梁、枋、檩、椽、斗拱等基本构件组成一个复杂而又规章有序的构造体系。构件虽然很多，但是没有一件多余。外观造型雄健、沉稳、优美，表现出唐代建筑的典型风格。

除了地面建筑和木质器具，墓室的建造也运用到了榫卯，从战国到两汉，墓室建构由梁式的空心砖逐步转为拱券和穹窿顶，为了搭建出稳定的结构，除了普通条砖外，工匠们还烧制了形制特殊的楔形砖和企口砖（图18-6），仿造榫卯结构，与一般的榫卯构件相比，仅仅是材质不同，但也正因如此，才让我们得见千年前的榫卯。

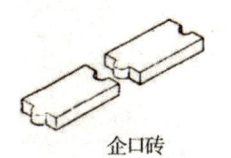

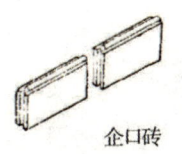

图18-6 榫卯结构企口砖

榫卯的结构

介绍了这么多文物中的榫卯，想必大家十分好奇这些接合结构到底是怎样的呢？首先我们要明确一个概念，就是榫接合是通过榫头压入榫眼和榫槽接合而成，所以通常可以按照榫头的不同来区分榫卯结构。

根据榫头的形状不同可分为直角榫、燕尾榫、圆弧榫等；根据榫头的数目多少还可以分为单榫、双榫和多榫（箱榫）；根据结合后能否看到榫头的侧边与否，或榫头是与榫槽还是榫眼接合，能分为开口榫、闭口榫和半开口榫；根据榫头是否外露，能分为明榫与暗榫。

图18-7 直角榫

值得注意的是，榫头的特征条件并非某一种榫头独有，一种榫头可以同时拥有两种或者两种以上的特征，例如根据榫头数目，直角榫也可以分为单榫、双榫及多榫。下面我们就挑选一些较为常见的、有代表性的榫卯结构来进行介绍。

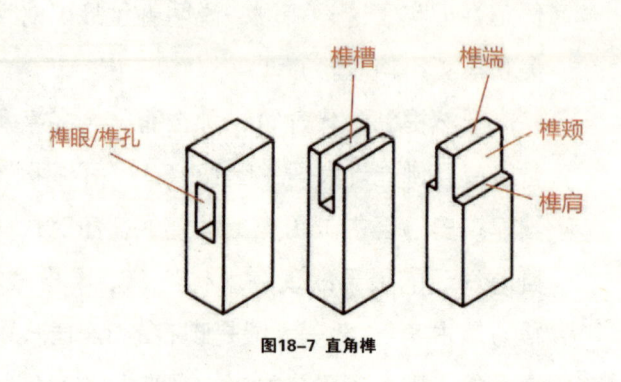

图18-8 燕尾榫

直角榫又称直角方榫，由榫肩面与榫颊面组成，二者互相垂直或基本垂直接合（图18-7）。直角榫有二个构件组成，一个是榫头，称凸榫，一个指榫眼，称凹榫。直角榫接合牢固可靠，木家具结构中的各种框架接合大都可采用直角榫连接。

燕尾榫由插接头和燕尾头组成，拼接时将插接头拼进燕尾头之间的插槽里（图18-8）。燕尾榫拼接非常实用，可以在木材膨胀或收缩时确保器物的完整性，在拼接体量较大的家具时，保证这一点尤为重要。

穿带榫又称"档木"，在传统家具中的穿带榫一般安装在桌、几、案、椅、凳等面板的背面，以燕尾榫与面板相连，并且贯穿在面板的两侧，故名"穿带"（图18-9）。木材容易热胀冷缩，穿带榫既可以支撑面板承受压力，同时又可以向下拉住面板，不使其上翘、弯曲和左右窜动。

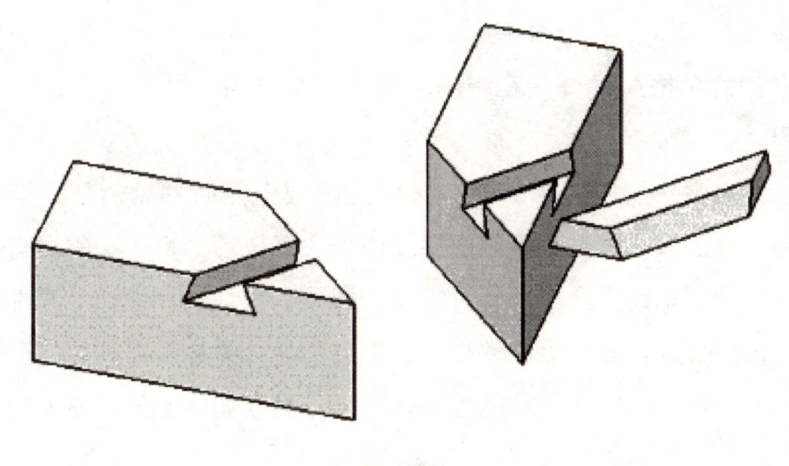

图18-9 穿带榫

银锭榫又叫木销拼接榫、蝴蝶榫，是一种两头大、中腰细的榫卯结构，因其形似银锭而得名（图18-10）。制作时先是制作好头大腰细的（燕尾）榫头，再按照榫头的大小在制作榫槽处做出榫槽，最后把榫头嵌入榫槽中。银锭榫主要用于两板的拼合和结构性开裂的修

图18-10 银锭榫

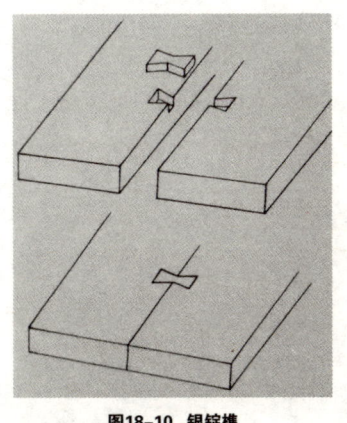

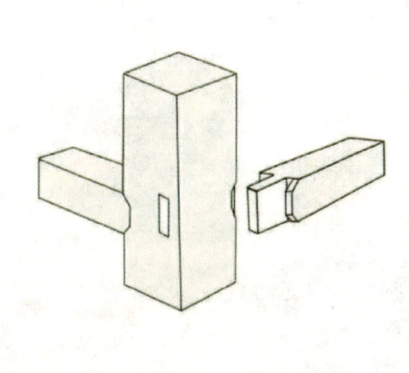

图18-11 格肩榫

复,起到木材拼接和加固的作用。

格肩榫可以分为大格肩、小格肩、实肩、虚肩（图18-11）。格肩榫的制作方法是：一根木枨端处开榫头，两侧为榫肩，靠里面为直角平肩，外面呈没有角的梯形格角，两肩部都为实肩，另一根木枨开出相应的榫眼，靠外面榫眼上面挖出一块和梯形格角一样的缺口，然后拍合。格肩榫榫头在中间，两边均有榫肩，故不易扭动，坚固耐用。

通过数十种的接合结构，榫卯足以做出任何物品，且器型严丝合缝，浑然天成，融合天然木头纹理和人工技艺，将木头的力与美发挥到极致。相比于金属部件，木质榫卯具有极好的弹性和耐腐性，热胀冷缩的程度与其他零部件相仿，保证不会让器具表面开裂。当承担重力时，榫卯还能将受到的重力均衡地分配给其他部分，使器物更加稳定。

无处不在的榫卯

除了建筑、家具以外，在古代社会，榫卯还被应用在车辆、船舶、桥梁、农具、乐器等领域，木构桥梁虽然现存不多，但仍能找到一二，如目前依旧能够使用的位于抚州宜黄县南源乡的宋代古廊桥"仁和仙桥"。它也是由榫卯结构建造的，桥面、桥体均为木质，桥上的房屋为两层半，并且有精美的雕刻。桥上有两纵一横的廊道供人穿

知识小档案

欧美等西方国家在早期文化中也产生过形态多样的楔钉榫（能将短材榫接为长材的技术），事实上只要是长期运用木材进行建筑活动的国家都会自发产生相应的木作技艺，但是西方国家对楔钉榫的理解和使用与中国完全不同。根本区别在于西方国家更喜爱和擅长使用钉子，而且榫卯一般没有定式，样式往往依据建筑形式而变化，较为随意。

行，而更多的位置则是做成了房间的样子。桥梁结构简单而奇妙，吸引了不少古建、桥梁研究专家的到来。

无论是娇小玲珑还是庞然大物，榫卯无处不在。不是每种技术都有这样的广泛应用和适应性的，这是由榫卯灵活、多样、实用的特性决定的。在不同构造和结构中，榫卯也相应地呈现出不同的形式、功能与工艺。正因为榫卯的实用和优势，使得这项技艺完整地保存下来，在现代的工业设计中屡见不鲜。许多设计师开始在建筑设计中运用榫卯元素，加强房屋的稳定性和抗震能力。越来越多的中式家具不再徒有其表，而是沿用传统木作工艺，让榫卯在现代生活中随处可见。

当然，榫卯也不是大人的专属。传说在春秋时期，鲁国的工匠鲁班为了检查儿子是否聪明，用6根木条制作了一件可拼拆的玩具，他的儿子为了拆开这件玩具，研究了整整一夜，终于拆解开了。这个6根木条制作的玩具就是现在的儿童益智玩具——鲁班锁。6根木条中5条中间有缺，缺缺相合，以十字双交卡榫组成。在6根木条的基础上，目前还衍生出形态各异、更加复杂的榫卯玩具，对开发智力、爱好启蒙均有助益。

榫卯属于我国传统手工艺的顶级智慧产物，除使用价值和结构美学外，榫卯还成为中国古典哲学思想和意境的载体，传递了中国的文化理念，蕴含着我国数千年的历史文化、思想哲学智慧。我们需要不断发掘传统工艺中的宝藏，并将其发扬光大，才能进一步保护中国的传统文化，构建我们的文化自信和家国情怀。

知识小·提示

你有没有见过中式传统家具呢？你有没有玩过鲁班锁呢？如果身边有这些东西，不妨好好研究一下，切身感受一下榫卯的魅力。

十九、传播文明文化的技术——造纸术

小曲《十三香》开头有这么两句:"小小的纸啊四四方方,东汉蔡伦造纸张。"在世界文明的进程史上,畅通的道路促进了文化间的交流,而书写用纸的出现则拓展了文明和文化传播的途径。造纸术是中国的四大发明之一,在传到了欧洲之后,迅速取代了羊皮纸,促进了知识和教育的普及,解放了民众的思想,激发了文艺复兴的萌芽。可以说,中国的造纸术对中国以及世界文明的发展都做出了重要的贡献,意义深远。

蔡伦发明了纸吗

相传东汉尚方令蔡伦在总结了前人的造纸经验后,认为扩大造纸原料的来源,才是改进造纸技术,提高纸张质量的根本,于是他搜集天下材料,最后选出了树皮、麻头、敝布、鱼网等原料,经水浸、切碎、洗涤、蒸煮、漂洗、舂捣、加水配成悬浮的浆液,然后捞取纸浆,待平整干燥后即成为纸张(图19-1)。这种纸张很快就被大家接受,元兴元年(公元105年),蔡伦把一批优质纸张献给汉和帝刘肇,汉和帝很称赞他的才能,马上通令天下采用。就这样,蔡伦的造纸方法很快传遍各地,为了纪念蔡伦的功绩,后人把这种经过挫、捣、炒、烘等工艺制

图19-1 造纸程序 出自《天工开物》

造的纸叫作"蔡侯纸"。

蔡侯纸的主要原料是树皮，这个材料既容易找到，又很便宜，树皮是比麻类丰富得多的原料，原料的改进可以使纸的产量大幅度地提高。但同时，树皮中所含的木素、果胶、蛋白质远比麻类高，因此树皮的脱胶、制浆要比麻类难度更大。这就推动了造纸技术的改进。西汉时利用石灰水制浆，东汉时改用草木灰水制浆，草木灰水有较大的碱性，有利于提高纸浆的质量。纸的产量和质量均大大提高，价格便宜又好用，于是很快纸就取代了竹简、丝帛，成为主要的书写载体。

我们现在所用的纸原料依旧以植物纤维为主，可以说，"蔡侯纸"就是现代纸张的原型。

但是很多人都会提出这样的疑问，纸到底是不是蔡伦制造的呢？

过去依据传说认为蔡伦发明了造纸术，其实并不是很确切。无论是文献记载，还是考古发现，都表明西汉甚至更早的战国时期就可能出现了纸。事实上大汉王朝建都长安之时已有纸。所以说，纸并不是到东汉蔡伦时才有，而是蔡伦改进了造纸的方法，提高纸的质量，并基本上形成了后代人工造纸的程序。

考古印证纸的源起

东汉许慎在《说文解字》中谈到纸的来源。他说纸"从系氏声"，也就是说纸字形采用系作边旁，用氏作声旁。从这个字的解释可以看出，当时的纸主要是用绢丝类物品制成，与一般意义上的纸是完全不同的。

在《说文解字》中，许慎还认为纸是漂洗丝帛时，丝絮在水中经打击而留在竹席上的杂丝薄片。这种薄片可能是最原始的"纸"，有人把这种"纸"称为"赫蹏"。关于这种"赫蹏纸"的记载，可以追溯到西汉成帝元延元年（公元前12年）。班固所著《汉书·外戚传下·孝成赵皇后传》中记录了成帝妃曹伟能因为生皇子，遭皇后赵飞燕姐妹的迫害，她们送给曹伟能的毒药就是用"赫蹄"纸包裹着的。原文中写："武发箧中有裹药二枚，赫蹄书，曰：'告伟能：努力饮此药，不可复入。女自知之！'。"由此推测，赫蹄应该就是书写载体。

汉末佚名著《三辅旧事》中也记录了一件搞笑的事情，汉武帝被封为太子的儿子鼻子比较大，有一次汉武帝生病，这个儿子想去看望汉武帝，太子手下人说皇上不喜欢大鼻子，应当用纸捂着鼻子去看望。由以上两条史料看，西汉之时是应该已有纸，只是面积小，也较薄。

文献的记载在20世纪我国在西北等地的考古中得到证实。考古工作者发现了不少古纸，大部分是西汉时代的，而且全是麻纸。

1. 1933年在新疆罗布淖尔发现麻质古纸，与之同时出土的有汉元帝黄龙元年（公元前49年）的木简。

2. 1942年在居延额济纳河东岸汉代烽燧遗址中发现一张被揉成团的纸，上书写7行50个字，是一封信的残片。同时还发现有数根竹简，上面所记年代，最早汉和帝永元五年（公元93年），最迟永元十年（公元98年），早于蔡伦造纸成功的年代。

3. 1957年在陕西西安东市郊出土的灞陵纸。桥砖瓦厂一个古墓中发现有铜镜三面，镜的下面垫有细布，布下又垫有纸，共88片，其大者10厘米×10厘米，小者3厘米×4厘米。经科学家分析也是以大麻为主，掺有少量苎麻。这个古墓的年代不晚于西汉武帝（公元前140~公元前87年）时期。

4. 1973年在居延县肩水金关出土麻纸二件。一件与宣帝甘露二年（公元前52年）木简共存，最大的一块21厘米×19厘米，颜色白净，细薄均匀，一面较为平整，另一面稍稍起毛，质地坚韧。另一件出土于汉平帝（公元1~公元5年）以前的地层，11.5厘米×9厘米大，尚可看出其中含有麻筋、线头和碎布头。

5. 1978年在陕西扶凤中颜村出土汉宣帝（公元前73~公元前49年）时的3张麻纸。

6. 1979年在敦煌市马圈湾西汉烽燧遗址出土麻纸共5件8片，其中一片长32厘米，最宽处20厘米。同时出土简纪年最早为汉宣帝元康元年（公元前65年），最晚为甘露年间（公元前53～公元前50年）。有4片与畜粪和在一起，质地较前一种细匀。另有两片质地匀细，发现于烽燧倒塌土层中，应为王莽时（公元9～公元23年）遗物。

7. 1986年在甘肃省天水市放马滩出土的古纸碎片，其上绘有地图，年代在西汉初年，是目前发现时间最早的古纸，经鉴定也是麻纸（图19-2）。

8. 1991年在甘肃省敦煌甘水井汉代邮驿悬泉置遗址出土汉代麻纸400多件，时代从汉代武帝、昭帝、元帝、成帝至东汉初和晋代都有，与简牍同时出土。其中不少汉代文书，主要是文书和药方性质。

这些出土材料中，有几件麻纸保存较好，至今可以看到上面所写文字、所绘图案，这说明西汉时期已经有纸，并且从悬泉置遗址出土的纸的实际情况分析，这里出土的字纸是迄今发现的唯一写有字的西汉古纸，说明在西汉时代已用来书写，承担着文化信息传播的作用。其中，时代最早、纸的质量较高，而且上面有图、文记载，文献价值最大的要数出土于甘肃南部天水放马滩墓葬之中的古地图。纸薄而柔软，纸平整光滑，上面用细黑线条绘制有山脉、河流、道路等，这也是我国现存最早的一张地图。

图19-2 甘肃南部天水放马滩墓葬古地图 甘肃省文物考古研究所藏

以1978年陕西扶风县发现的中颜纸为例，该纸是一次性窖藏出土之物，为年代较为确定的西汉纸张。对中颜纸样品进行的纤维分析表明其原料初步的结论应为苎麻，它的单面有大量致密的颗粒物，推测进行了加填料处理，具体填料有待进一步研究。外观观察和实验表明，中颜纸具有表面粗糙厚纸类型、纤维分布不均匀、没有帘纹等特征，这与浇纸法生产的纸张外观特征是一致的。这种浇纸法造纸工艺目前在中国傣族、藏族等少数民族地区还保存着，但原料已改变为用构皮或狼毒草，不再采用麻纤维作为原料。中颜纸的考古发现可谓是"造纸技术活化石"。

在全国各地考古发现所出土的古纸中，我们可以发现，这些纸全是麻纸。由此可见，最早的纸时间多集中在西汉时期，个别可以早到战国至秦代，都是用麻制品的废料所加工成的。值得注意的是，在出土的麻纸中，有字纸的比例极低，仅占2%～3%，上面只书写极少的几个字，说明西汉时期纸张对书写可能只起到辅助的功能，与同层出土的写有很多字的简牍不可同日而语。这也反映了纸的发明初衷可能并不是写字，或许最初是作为包装或其他生活之用。最初的纸还远没有起到传播知识的作用。

从大量考古出土的西汉纸情况看，在东汉蔡伦之前已产生了纸，且都是麻纸，但大部分质地不是很好，而且手段简陋，产量很少，只用于长途携带的书信和文图资料书写上，至今尚未发现用纸抄写的书籍、奏启、文章之类遗物。看来西汉时纸的使用并不普遍，主要书写载体还是竹简和木牍，书籍等厚重非轻易携带之物则用简牍，重要文献用帛。这些古纸或用为书信纸，或用为文书纸，或用为地图纸，均是因其轻便、易长途随身携带的优势而被选作书写材料。北宋初年的苏易简（公元958～公元996年）在《文房四谱》卷四《纸谱》中说："汉代已有幡纸代简而未通用，至和帝时，蔡伦用树皮及敝布、渔网以为纸奏上，帝善其能。自是天下咸谓之蔡侯纸。"这个看法是正确的。

造纸技术的深远意义

早在西汉时期，我国古代先民就掌握了非常成熟的造纸术，并能生产出非常成熟的纸张。但很长时间内，纸张和文字并没有关联在一起，更多的是扮演包装的角色，或许是生产数量少的原因，或许相关配套的技术还没有出现。唐代人在中国古代印章的基础上，发明了雕版印刷术，就是在版上雕刻图文进行印刷的技术。它在中国的发展经历了由印章、墨拓石碑到雕版，再到活字版的几个阶段。它发明于隋唐时期，并在唐朝中后期开始普遍使用。雕版印刷一般选用纹质细密坚实的木材，如枣木、梨木等，然后把木材锯成一块块木板，把要印的字写在薄纸上，反贴在木板上，再根据每个字的笔画，用刀一笔一笔雕刻成阳文，使每个字的笔画突出在板上。木板雕好以后，就可以印书了。印书的时候，先用一把刷子蘸了墨，在雕好的板上刷一下，接着，用白纸覆在板上，另外拿一把干净的刷子在纸背上轻轻刷一下，把纸拿下来，一页书就印好了。一页一页印好以后，装订成册，一本书也就印刷成功了。这种印刷方法，因为是在木板上雕好字再印的，所以大家称它为"雕版印刷"（图19-3）。

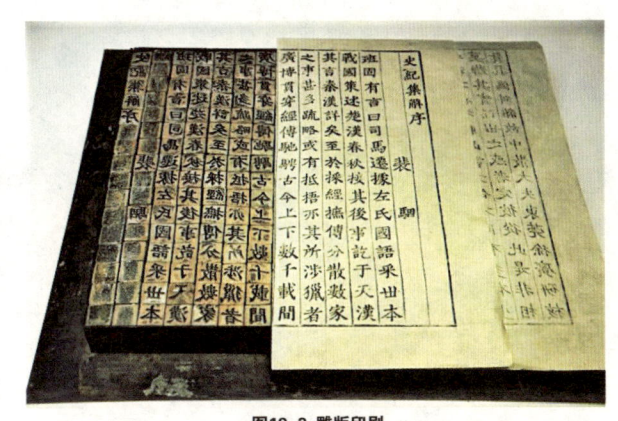

图19-3 雕版印刷

正是造纸术和唐代出现的雕版印刷术的珠联璧合，成为中国古代的重要发明，开启了书籍印制的全新方式，降低了人们获取书籍知识的成本，拓展了书籍知识传播的速度和广度，对中国古代文化教育的发展传承以及世界古代文化的传播与交流都产生了重大而深远的影响。了解造纸术的产生、发展变化和造纸术对中外文化教育的影

> **知识小档案**
>
> 唐代《金刚般若波罗蜜经》被公认为是世界上现存最早有纪年的雕版印刷书籍，这卷《金刚经》经卷最后题有"咸通九年四月十五日"字样（公元868年），被称为"佛教卷轴经卷的绝妙样本"，原件现藏于伦敦大英图书馆。1907年，英国人斯坦因率考察队来到敦煌藏经洞，盗取了大量文献，其中就包括这一部《金刚般若波罗蜜经》。美国学者卡特说："在这个已经封闭了将近九百年的古代图书馆所藏写本中，发现了世界最古的雕版书。"

响与传播，有助于更好地继承和发扬我国古代科技先驱所创造的优秀文化。